Trastorno de estrés postraumático

Trastorno de estrés postraumático
Modelo cognitivo-conductual

Mónica Pieschacón Fonrodona

Universidad de los Andes
Facultad de Ciencias Sociales-CESO
Departamento de Psicología

Pieschacón Fonrodona, Mónica
Trastorno de estrés postraumático. Modelo cognitivo-conductual / Mónica Pieschacón Fonrodona. --
Bogotá: Universidad de los Andes, Facultad de Ciencias Sociales, Departamento de Psicología; Ediciones
Uniandes, 2011.
      160 pp. ; 17 x 24 cm

ISBN 978-958-695-659-8

      1. Estrés (Psicología) 2. Estrés postraumático 3. Manejo del estrés I. Universidad de los Andes
(Colombia). Facultad de Ciencias Sociales. Departamento de Psicología II. Tít.

CDD. 155.9042   SBUA

Primera edición: octubre del 2011

© Mónica Pieschacón Fonrodona

© Universidad de los Andes

Facultad de Ciencias Sociales, Departamento de Psicología

Ediciones Uniandes
Carrera 1 núm. 19-27, edificio AU 6, piso 2
Bogotá D. C., Colombia
Teléfonos: 339 49 49/339 49 99, ext. 2133
http//:ediciones.uniandes.edu.co
infeduni@uniandes.edu.co

ISBN: 978-958-695-659-8

Corrección de estilo: Marcela Garzón
Diagramación: Angélica Ramos
Ilustración de la imagen: Víctor Gómez
Carátula: fotografías usadas para el montaje. © Shutterstock.com

A mis padres,
a Jaime, Lorenzo y María José
por su apoyo incondicional

Contenido

AGRADECIMIENTOS   13

PRÓLOGO   15
David H. BARLOW, Ph.D., ABPP

I.   ESTRÉS POSTRAUMÁTICO: PASADO Y PRESENTE   19

1.1. Epidemiología de la exposición al trauma   19
1.2. Aspectos conceptuales y diagnósticos del trastorno de estrés postraumático   22

II. MODELOS COGNITIVO-CONDUCTUALES   35

2.1. Aproximaciones teóricas   35
2.1.1. Modelo de condicionamiento   36
2.1.2. Teoría social-cognitiva   39
2.1.3. Teoría del procesamiento emocional   42
2.1.4. Modelos de procesamiento cognoscitivo   44
2.1.5. Modelos de estructuras de representación múltiples   47
2.1.5.1. Teoría de la representación dual   47
2.1.5.2. Modelo Spaars (Schematic, Propositional, Analogue,   49
and Associative Representational Systems)

III. EVALUACIÓN DEL TRASTORNO DE ESTRÉS POSTRAUMÁTICO   51

3.1. Entrevistas diagnósticas estructuradas   52
3.1.1. Escala clínica administrada para el trastorno de estrés postraumático   53
(CAPS Clinician-Administered PTSD Scale)

3.1.2. Entrevista clínica estructurada para el DSM-IV (SCID-IV: The Structured   54
Clinical Interview for DSM-IV)

3.1.3. Programa de entrevista de trastornos de ansiedad-revisada (ADIS-R: 54
Anxiety Disorders Interview Schedule - Revised)

3.1.4. Entrevista trastorno de estrés postraumático (Postraumatic   55
Stress Disorder)

3.1.5. Entrevista estructurada para el trastorno de estrés postraumático   55
(SI-PTSD: Structured Interview for PTSD)

3.1.6. Escala de entrevista de síntomas de trastorno de estrés postraumático   56
(PSS-I PTSD: Symptom Scale Interview)

3.1.7. Escala de entrevista diagnóstica (DIS: The Diagnostic   57
Interview Schedule)

3.2. Cuestionarios de autorreporte   57

3.2.1. Lista de chequeo trastorno de estrés postraumático   57
(PCL PTSD Checklist)

3.2.2. Escala diagnóstica de estrés postraumático (PDS: Posttraumatic   58
Stress Diagnostic Scale)

3.2.3. Escala de impacto del evento revisada (IES-R: Impact of Event   59
Scale-Revised)

3.2.4. Escala Mississippi para combate relacionado con TEPT   59

3.2.5. ESCALA TEPT del MMPI-2 de Keane (PK) (Keane PTSD Scale   60
of the Minnesota Multiphasic Personality Inventory)

3.2.6. Lista de chequeo TEPT (PCL The PTSD Checklist)   60

3.2.7. Cuestionario de eventos de angustia (DEQ: The Distressing   61
Event Questionnaire)

3.2.8. Inventario Penn para estrés postraumático   61

3.2.9. Cuestionario para rastreo de estrés postraumático   62

3.3. Evaluación psicofisiológica   63

3.4. Estrés postraumático y comorbilidad   64

IV. FORMULACIÓN COGNITIVO-CONDUCTUAL DEL TRASTORNO   67
DE ESTRÉS POSTRAUMÁTICO

4.1. Elementos de la formulación clínica   68

4.1.1. Motivo de consulta   69

4.1.2. Factores de desarrollo   69

4.1.3. Factores de predisposición   70

4.1.3.1. Biológicos/genéticos   70

4.1.3.2. Psicológicos   72

4.1.4. Factores de adquisición   73

4.1.5. Factores precipitantes   74

4.1.6. Factores de mantenimiento   74

4.1.7. Factores de protección   75

4.2. Establecimiento de objetivos y metas terapéuticas 76
4.3. Factores de riesgo para el desarrollo del trastorno de estrés postraumático 77

V. Intervención en el trastorno de estrés postraumático 81

5.1. Terapia cognitivo-conductual 82
5.1.1. Terapia de exposición 83
5.2. Técnicas de manejo de ansiedad 86
5.3. Terapia cognitiva 87
5.3.1. Terapia del procesamiento cognitivo 88
5.4. Reprocesamiento y desensibilización sistemática por medio 88
de movimientos oculares (EMDR)
5.5. Terapia de grupo 90
5.6. Tratamientos de tercera generación 91
5.7. Tratamientos farmacológicos 91
5.8. Consideraciones generales 93

VI. Intervención en emociones secundarias 95

6.1. Culpa y vergüenza 96
6.1.1. Culpa del sobreviviente 99
6.2. Ira 99
6.2.1. Factores que influyen en la ira 101
6.2.1.1. Evento traumático 101
6.2.1.2. Procesamiento cognoscitivo 101
6.2.1.3. Autoverbalizaciones del paciente 102
6.2.1.4. Carencia de habilidades 103
6.2.2. Expresión de la ira 103
6.2.2.1. Ira encubada o acumulada 104
6.2.2.2. Ira aguda o explosiva 104
6.2.3. Ira y trauma 104
6.2.3.1. Canalización de la ira en casos de trauma 105
6.3. Duelo en el trastorno de estrés postraumático 105
6.3.1. Duelo normal 106
6.3.2. Duelo traumático 107
6.4. Aceptación del trauma 109

VII. Protocolo para la intervención del trastorno de estrés 111
postraumático

7.1. Módulo 1. Psicoeducación: una sesión 111
7.2. Módulo 2. Regulación emocional I: una sesión 114
7.2.1. Entrenamiento en respiración diafragmática 116

7.3. Módulo 3. Regulación emocional II: una sesión 117

    7.3.1. Entrenamiento en manejo de síntomas intrusivos 117
    y de reexperimentación

7.4. Módulo 4. Control cognoscitivo: dos sesiones 119

7.5. Módulo 5. Exposición al evento traumático y procesamiento emocional: 120
cuatro sesiones

    7.5.1. Entrenamiento en exposición prolongada y procesamiento emocional 122

7.6. Módulo 6. Manejo de culpa y duelo: una sesión 124

    7.6.1. Entrenamiento en manejo de culpa y duelo 124

7.7. Módulo 7. Control de ira: una sesión 126

    7.7.1. Entrenamiento en control de ira 126

7.8. Módulo 8. Aceptación del trauma y establecimiento de metas: 128
una sesión

    7.8.1. Entrenamiento en el establecimiento de metas 129

VIII. BIBLIOGRAFÍA 133

IX. ANEXOS 151

Anexo A. Canales de respuesta del trastorno de estrés postraumático 151

Anexo B. Práctica diaria del entrenamiento en respiración diafragmática 151

Anexo C. Identificación y modificación de pensamientos automáticos 152

Anexo D. Narrativa del evento para la exposición en imaginación 152

Anexo E. Registro de exposición en imaginación 153

Anexo F. Registro de manejo de culpa 153

Anexo G. Registro de control de ira 154

Anexo H. Registro de establecimiento de metas 155

Agradecimientos

De todos los trastornos de ansiedad el de estrés postraumático (TEPT) es quizás el que genera mayor daño emocional y causa más dolor. El TEPT es una condición que afecta severamente al paciente e incide negativamente en su funcionamiento personal, social, familiar y laboral. Las manifestaciones son variadas y severas y abarcan, entre otros aspectos, recuerdos invasivos del trauma, síntomas de evitación, falta de respuesta emocional y activación fisiológica, los cuales generalmente se acompañan de otras condiciones psicológicas, como abuso de sustancias y cuadros depresivos que requieren de una atención clínica permanente.

Desafortunadamente en la historia de la humanidad el trauma como una condición inevitable debió limitarse a desastres naturales y nunca trascender a la esfera de eventos traumáticos generados por el hombre. El trabajo con sobrevivientes de trauma es una tarea difícil, pero a la vez gratificante. Mi interés en el TEPT surgió hace más de una década, a raíz del trabajo con combatientes secuestrados en las selvas de Colombia y del secuestro y muerte de un familiar cercano. En estos años he tenido la oportunidad de trabajar con sobrevivientes de trauma mixto, lo cual me ha permitido conocer de cerca el TEPT y sus manifestaciones.

Es sorprendente que la gran mayoría de la literatura sobre TEPT provenga de Norteamérica y no de países donde las experiencias con eventos traumáticos son parte cotidiana del día a día. De mi experiencia como terapeuta y docente surgió la necesidad de abordar la temática del TEPT y desarrollar un protocolo de intervención que ayudara a aliviar los síntomas y reacciones generados por eventos traumáticos. Espero que este libro sea de utilidad para profesionales y estudiantes interesados en el trabajo con sobrevivientes de trauma.

Ante todo quiero agradecer a mis pacientes por compartir su dolor y confiarme su proceso de recuperación. De ellos he aprendido que a pesar del horror y del dolor que han padecido, pueden sanar y seguir creciendo. Quiero agradecer al doctor Arturo Silva Rodríguez, de la Universidad Nacional Autónoma de México, por su amable invitación a escribir el libro. Al doctor David Barlow, quien me introdujo al mundo de los trastornos de ansiedad y me permitió conocer de cerca las intervenciones más efectivas para estos trastornos.

Finalmente mis agradecimientos a mi familia la cual con su apoyo, cariño y paciencia me acompañó durante el desarrollo del proyecto. A ellos mi gratitud incondicional.

Prólogo

Cualquier consideración de los orígenes y funciones de las emociones de ansiedad y miedo presupone que estos fenómenos deben ser universales y existentes en casi todas las culturas y subculturas. Desde la época de Darwin hemos asumido que la evolución debería favorecer a los miembros de una especie que están ansiosos y temerosos, y la investigación reciente ha establecido que estas dos emociones son al menos parcialmente distintas con diferentes funciones (Suárez et ál., 2009). Muchos teóricos como Howard Liddell sostienen que la ansiedad representa la capacidad de las personas para planear el futuro y estar alerta ante posibles amenazas o retos futuros; en otras palabras, es una emoción orientada hacia el futuro que motiva la preparación ante una posible amenaza. El miedo, por otro lado, es la emoción más dramática científicamente observada por Darwin como una respuesta de "lucha-huida" a una amenaza inminente e inmediata o peligro, como saltar hacia el andén para evitar un carro que se acerca: como tal, es la reacción de alarma del organismo. Esta distinción será aún más claramente reconocida en la quinta edición del Manual Diagnóstico y Estadístico de los Trastornos Mentales (DSM-V). Por supuesto, la predisposición a experimentar ansiedad y miedo, así como las tendencias de acción resultante (la preparación y la vigilancia para la ansiedad y la respuesta de lucha y huida para el temor) se distribuyen normalmente en toda la población, lo que significa que cierto número de individuos van a presentar excesos en estas características, o al menos umbrales más bajos en sus expresiones.

También ha sido claro en los pasados treinta años que la emoción fundamental de protección contra el miedo cuando se presenta en momentos inadecuados (cuando no hay nada que temer) es un problema importante en la psicopatología.

Esta expresión inapropiada de miedo se ha denominado ataque de pánico o una "falsa alarma" (Barlow, 2002), y la investigación ha demostrado que podemos llegar a estar "ansiosos" cuando nos enfrentamos a señales que indican la posibilidad de una reacción de pánico severa futura. Es decir, la experiencia para controlar las emociones impredecibles y fuera de control (como el miedo o el pánico) puede convertirse en amenaza y ser un disparador para la ansiedad.

Al parecer, las investigaciones realizadas sostienen que la reacción de alarma activa circuitos muy similares en el cerebro, tanto en individuos que han experimentado un ataque de pánico en el que no hay nada que temer en el ambiente, o en personas con una respuesta de miedo a un peligro real (como en una situación traumática) (Jones y Barlow, 1990; Keane y Barlow, 2002). Pero si la alarma es lo suficientemente fuerte, se puede desarrollar una respuesta condicionada de miedo a los estímulos que se asemejan a la situación temida original o al contexto del trauma; es decir, que después de que una persona está en contacto con una situación que genera miedo o amenaza a la vida, cualquier elemento que traiga recuerdos del trauma, como señales externas similares a la situación o reacciones corporales internas que pueden estar ocurriendo por otras razones (por ejemplo un aumento en la tasa cardíaca al subir escaleras), es probable que se desencadene la respuesta de miedo, una vez más. Esta sería una respuesta de miedo condicionada o una "reacción de alarma aprendida". Cuando la alarma aprendida se ha disparado por las señales del trauma se conoce como *flashback*, y algunos individuos desarrollan ansiedad debido a la posibilidad de experimentar *flashbacks*, mientras otros desarrollan ansiedad ante la posibilidad de experimentar pánico.

Pero ¿por qué algunas personas que experimentan una experiencia traumática o de miedo presentan *flashbacks* y desarrollan ansiedad acerca de sus experiencias emocionales "fuera de control", mientras que otros individuos no la desarrollan? El que una persona desarrolle o no TEPT después de experimentar un trauma es un tema muy complejo que involucra factores biológicos, psicológicos y sociales que son exclusivos de esa persona (Keane y Barlow, 2002). Por ejemplo, hemos sabido por mucho tiempo que la intensidad de la experiencia traumática es un factor en la aparición de estrés postraumático. También sabemos que si el individuo tiene una historia familiar de ansiedad, que sugiere una posibilidad de una vulnerabilidad genética para experimentar ansiedad, entonces tendrá mayor probabilidad de desarrollar TEPT después de un trauma. Además, las personas que provienen de familias relativamente inestables en las que los niños desarrollan un sentido de disminución de control sobre los acontecimientos importantes de sus vidas, tendrán más probabilidades de desarrollar TEPT debido a la misma experiencia traumática. Por último, los factores sociales y culturales desempeñan un papel importante en el desarrollo del TEPT. En general, si un individuo tiene una fuerte red de apoyo social, él o ella tendrán menos probabilidades de desarrollar TEPT después de un trauma. En Estados Unidos se ha demostrado que después de desastres naturales como huracanes (La Greca y Prinstein, 2002), así como después de catástrofes de origen humano, tales como los ataques contra el World Trade Center de Nueva York (Schuster et ál., 2001), las personas que contaban con fuertes sistemas de apoyo social y con respuestas adecuadas de afrontamiento tuvieron un mejor desempeño después del trauma en comparación con aquellos individuos que carecían de estos atributos.

Los individuos en la mayoría de países del mundo han experimentado eventos traumáticos que son exclusivos de ese país o cultura. Obviamente, esas naciones desafortunadas que experimentan guerra van a tener una prevalencia mayor de TEPT en su población. La tortura es otra experiencia común en muchos países del mundo (Basoglu et ál., 1997). En algunos países alrededor del mundo, como Colombia, el secuestro motivado políticamente se ha convertido en una fuente frecuente de trauma.

Ahora disponemos de tratamientos eficaces para las personas que experimentan el sufrimiento incesante crónico asociado con el TEPT. Tratamientos basados en evidencia se han desarrollado en la última década y han demostrado su efectividad para aliviar el sufrimiento asociado con este problema; desafortunadamente, muy pocos profesionales de la salud mental tienen una formación adecuada en la administración de estos procedimientos y la difusión en los sistemas de prestación de asistencia sanitaria en todo el mundo es una necesidad apremiante (McHugh y Barlow, s.f. *a* y *b*). La autora de este libro, la doctora Mónica Pieschacón Fonrodona, es una psicóloga clínica altamente capacitada y competente, con más de una década de experiencia en la evaluación y el tratamiento de trauma severo, y es también una de las expertas mundiales en el tratamiento de personas secuestradas por razones políticas. En este libro, ella trae su amplia experiencia y conocimiento de este tema y proporciona la información más reciente sobre la naturaleza y el tratamiento del TEPT en la población de habla española:

este libro es impecable en su representación precisa de la literatura científica y también presenta de manera sencilla y clara la información más actualizada sobre los protocolos de tratamiento vigentes para el TEPT. Los terapeutas que trabajan con la tragedia del TEPT deben estar familiarizados con la información y el protocolo de tratamiento que se presenta en esta obra.

David H. BARLOW, Ph.D., ABPP
Profesor de Psicología y Psiquiatría
Director Interino, Centro para la Ansiedad y Trastornos Relacionados
Universidad de Boston

I. Estrés postraumático: pasado y presente

Un evento traumático severo e inesperado ocurre en menos de un minuto, pero sus consecuencias perduran varios años. El hombre ha estado expuesto a eventos traumáticos desde los principios de la humanidad: ha padecido las inclemencias de la naturaleza, terremotos, huracanes, tsunamis, incendios, inundaciones. Sin embargo, la condición humana ha sido capaz de producir eventos traumáticos más allá de cualquier límite: guerras, violaciones, abuso sexual, maltrato infantil, secuestro, reclutamiento forzado, explotación sexual, desplazamiento forzado, terrorismo, tortura, etcétera, son sólo algunos ejemplos en los que la mano del hombre ha sido responsable de precipitar las alteraciones cognitivas, emocionales y conductuales propias del trastorno de estrés postraumático (TEPT). A raíz de estas atrocidades el ser humano ha cambiado su visión acerca de su propia vulnerabilidad y acerca de la concepción del mundo como un lugar seguro, aspecto del procesamiento cognoscitivo, fundamental en la etiología del TEPT.

1.1. Epidemiología de la exposición al trauma

Estudios epidemiológicos han demostrado altas tasas de exposición a trauma y al TEPT en la población (Kessler et ál., 1995; Kilpatrick et ál., 1987). En una muestra probabilística de residentes adultos en Estados Unidos (Kessler et ál., 1995), se llevó a cabo un estudio con 2800 hombres y 3000 mujeres, con edades entre los 15 y 54 años, que fueron entrevistados acerca de 12 traumas específicos como accidentes, asalto sexual, combate, asalto físico, desastres, incendios. Se encontró que el 61% de los hombres y el 51% de las mujeres reportaron por lo menos un evento traumático en sus vidas de acuerdo con el DSM-III-R. Entre las personas expuestas a algún trauma, las traumatizaciones múltiples fueron más comunes. En otro estudio con una muestra probabilística de 4008 mujeres, Resnick et ál. (1993) encontraron una tasa muy alta de experiencias traumáticas (69%); al extrapolar los resultados de este estudio a la población americana basada en el censo estadístico de 1989, estimaron que 66.000.000 de mujeres en Norteamérica habían experimentado al menos un evento traumático mayor. De aquellas que experimentaron el criterio A (presencia de un estresor), Resnick et ál. encontraron las siguientes tasas de prevalencia de vida de TEPT: violación completa, 32%; asalto físico, 39%; homicidio de un amigo o familiar, 22%; cualquier victimización de crimen, 26%; trauma no relacionado con crimen (por ejemplo desastres naturales o generados por el hombre, accidentes, heridas), 9%.

En una investigación más reciente, Kessler et ál. (2005) realizaron un estudio de comorbilidad nacional con 9200 sujetos entrevistados, y hallaron que la prevalencia de TEPT era del 6,8%. Este estudio incluyó individuos que no habían experimentado trauma. Dichos hallazgos son similares al 7,8% de prevalencia de la población encontrados en el estudio de Kessler et ál. (1995).

Igualmente, con las guerras de Iraq y Afganistán, Hope, Auchterlonie y Milliken (2006) encontraron que los problemas de salud mental eran significativamente mayores en los soldados que habían regresado del servicio en estos países: 19,1% después de haber servido en Iraq, 11,3% después de Afganistán y 8,5% después de servir en otros lugares.

En Colombia existen pocos estudios sobre prevalencia del TEPT. *El segundo estudio nacional de salud mental y consumo de sustancias psicoactivas* (Ministerio de Salud de Colombia, 1997), mostró una prevalencia de TEPT, alguna vez en la vida, de jóvenes del 4,3%. Se llevó a cabo otro estudio de prevalencia como parte de la iniciativa internacional liderada por la Organización Mundial de la Salud (OMS), llamada Encuesta Mundial Salud Mental (EMSM). Esta iniciativa que se lleva a cabo en 26 países busca aliviar la deficiente disponibilidad de información sobre la salud mental, a través de metodologías que permitan comparaciones transculturales. Las estadísticas del *Estudio nacional de salud mental* (Ministerio de la Protección Social, 2003) sugieren, en lo que respecta al TEPT, que en los hombres la prevalencia es de 0,8% y para mujeres de 2,5%, con un promedio en la población general colombiana de 1,8%, con una muestra probabilística de 4544 adultos con edades entre los 18 y 65 años.

Pérez-Olmos, Fernández-Piñeres y Rodado-Fuentes (2005), realizaron un estudio con una muestra representativa de 493 escolares de 5 a 14 años de edad, con el objetivo de ver la prevalencia del TEPT por la guerra en niños de Cundinamarca, un departamento de Colombia. En La Palma, 167 niños con exposición crónica; 164 en Arbeláez, con un hostigamiento armado reciente y 162 en Sopó, sin exposición. Por medio de entrevistas psiquiátricas semiestructuradas y la escala para TEPT administrada por el clínico se determinó la prevalencia del trastorno y factores de vulnerabilidad, encontrándose prevalencia de TEPT bélico: La Palma, 16,8%; Arbeláez, 23,2% y Sopó, 1,2%. Al comparar los municipios expuestos con Sopó, concluyeron que la guerra afecta la salud mental infantil. Los niños de los municipios expuestos tuvieron 19 veces mayor probabilidad de sufrir TEPT bélico que los no expuestos.

Alejo et ál. (2002), en su estudio epidemiológico del TEPT en población desplazada por la violencia política en Colombia, encontraron una prevalencia alta en adultos por encima de la prevalencia en población general reportada en estudios poblacionales (21% frente al 3%) (Helzer, Robins y McEvoy, 1987). Esta proporción proyecta más de 630.000 desplazados con postrauma en la población asentada en Colombia. La prevalencia de TEPT con relación a la experimentación de eventos muestra que las experiencias de secuestro y tortura resultaron ser los eventos de mayor impacto en el desarrollo del trastorno.

De igual forma, Sinisterra et ál. (2010) estudiaron la prevalencia del TEPT en población en situación de desplazamiento en una localidad de Bogotá, llamada Ciudad Bolívar, que concentra mayoritariamente a los desplazados. Se concluyó que la prevalencia del TEPT en la localidad es del 97,27%, dato que sobrepasa sustancialmente la información reportada por investigaciones internacionales sobre la prevalencia de ansiedad, depresión y TEPT relacionada con el desplazamiento que proyectan valores en un rango entre el 11% y el 23%.

En Colombia se realizó el *Segundo estudio nacional de salud mental del adolescente* (Montoya et ál., 2009), con el objetivo de conocer la problemática psíquica de niños y jóvenes colombianos. Cada año, más de un millón de niños son víctimas confirmadas de abuso infantil. El 87% de los niños en escolaridad primaria que viven en zonas urbanas deprimidas ha visto un arresto; el 84% ha escuchado disparos de armas de fuego y el 25% ha presenciado un asesinato.

Desafortunadamente no es fácil proponer cifras para Colombia, pero se estima que pueden ser aún mayores por la situación de violencia que vive el país. Con respecto a la prevalencia de trastornos psiquiátricos, de cada 100 adolescentes 16 tienen o tuvieron algún trastorno psiquiátrico, más en el sexo masculino (17,4/100). El 5,3 de cada 100 ha tenido dos trastornos. Los trastornos de ansiedad en cualquier momento de la vida se registraron en casi 8 jóvenes de cada 100: trastorno de pánico, ansiedad generalizada, agorafobia sin trastorno de pánico, estrés postraumático, ansiedad por separación y cualquier trastorno de ansiedad.

Norris y Slone (2007) sostienen que la conclusión que se puede hacer sobre la prevalencia del TEPT es que la exposición a eventos traumáticos es muy común. Al iniciar la adultez, por lo menos el 25% de la población va a experimentar un evento traumático, y para la edad de 45 años, la mayoría de la población habrá experimentado el evento. Adicionalmente, un subgrupo significativo de la población experimenta múltiples eventos traumáticos. Sin embargo, no todos estos eventos se perciben como traumáticos, pero según los datos disponibles, parece que la mayoría de adultos va a experimentar un evento que genera temor intenso, horror o desesperanza (criterio A2 del diagnóstico del DSM-IV) por lo menos una vez en su vida.

1.2. Aspectos conceptuales y diagnósticos del trastorno de estrés postraumático

Friedman, Resick y Keane (2007) sostienen que el estudio de la presencia de eventos traumáticos y sus consecuencias, dentro de un contexto médico y científico, data de mediados del siglo XIX. Estas observaciones generaron una serie de modelos somáticos (por ejemplo síndrome de fatiga, astenia neurocirculatoria) y psicológicos (nostalgia, neurosis traumática), de los cuales se derivaron teorías sobre estas manifestaciones clínicas. Al inicio de la guerra civil, las conceptualizaciones americanas de las reacciones postraumáticas se entendían como reacciones somáticas y fisiológicas que afectaban el sistema cardiovascular. Según Hyams, Wignell y Roswell (1996), los diagnósticos somáticos y fisiológicos propuestos fueron: síndrome de Da Costa/corazón irritable (guerra civil);

corazón del soldado, astenia neurocirculatoria y *choque* de bombardeo (primera guerra mundial), y síndrome de fatiga (segunda guerra mundial).

La primera edición del *Manual Diagnóstico y Estadístico de los Trastornos Mentales* (APA, 1952), incluyó el diagnóstico de "reacción de estrés fuerte", que era apropiado para casos que implicaran la exposición a demandas severas y físicas o a estrés extremo, como situaciones de combate o catástrofes. Desafortunadamente, este diagnóstico cambió en la segunda edición del DSM (DSM-II, APA, 1968) a "malestar situacional transitorio". A pesar de que continuaba el énfasis en la naturaleza sobrecogedora del estresor ambiental sobre la diátesis para generar la reacción, el interés fue exclusivo para situaciones que implicaran "temor transitorio asociado a combate militar, con manifestaciones de temblor, huida y escondite", desconociendo el hecho de que estos síntomas podían caracterizar mejor una condición crónica, en vez de una reacción aguda (Monson, Friedman y La Bash, 2007).

Friedman, Resick y Keane (2007) reportan que al revisar la literatura clínica antes de 1980, año en el que apareció por primera vez la clasificación del TEPT, en el *Manual Diagnóstico y Estadístico de los Trastornos Mentales* tercera versión (DSM-III), de la Asociación Americana de Psiquiatría (APA), muchos investigadores habían descrito síntomas generados por una amplia gama de eventos traumáticos como abuso sexual, violencia hacia la mujer y veteranos de la guerra de Vietnam.

Es evidente que la adopción oficial del TEPT generó un cambio significativo en la teoría de la salud mental y en la práctica clínica. Como primera medida, subrayó la importancia del aspecto etiológico del evento traumático; segundo, el modelo del TEPT promovió la investigación básica tanto animal como humana, sobre el impacto casual del estrés extremo en las expresiones moleculares, hormonales, conductuales y sociales del individuo; tercero, esta inclusión permitió el desarrollo de estrategias terapéuticas para el TEPT; finalmente, el diagnóstico del TEPT del DSM-III reconoció que las reacciones a los diferentes eventos traumáticos tenían más elementos comunes que diferencias, lo cual ha permitido que las mismas terapias sean eficaces en poblaciones de trauma diferentes (Friedman, Resick y Keane, 2007).

Como se mencionó anteriormente, el trauma psíquico o la clasificación diagnóstica oficial del TEPT fue reconocido oficialmente en 1980, en el DSM III de la APA. Este reconocimiento sirvió para facilitar la comunicación, la investigación y la práctica sobre este trastorno. La revisión posterior del DSM-III-R (APA, 1987) produjo los criterios diagnósticos que aún persisten relacionados con el TEPT. Al respecto, se establecieron cinco criterios: a) la presencia de un estresor (definido como un evento fuera del rango de experiencia normal); b) síntomas de reexperimentación (por lo menos uno); c) síntomas de evitación y de entumecimiento general de respuesta (por lo menos tres); d) síntomas de activación (por lo menos dos); y e) criterio de duración de un mes.

Es interesante anotar que en la primera versión del DSM-III, los síntomas de entumecimiento general de respuesta y de evitación a estímulos relacionados con el trauma (criterio *c*) se dividieron. Esta diferenciación fue abolida en el DSM-III-R. Sin embargo, nuevamente ha suscitado controversia, debido a que algunos autores y estudios de factores analíticos sugieren que los síntomas de evitación son una respuesta a los síntomas de reexperimentación, mientras que el entumecimiento se asocia con los síntomas de activación (Creamer, Burgess y Pattison, 1992; Buckley, Blanchard y Hickling, 1998).

Otra modificación entre las versiones del DSM-III y DSM-III-R fue que el criterio de estrés postraumático agudo (dentro de los seis meses posteriores al evento traumático) que aparecía en el DSM-III no fue incluido en la revisión posterior.

En 1994 apareció la cuarta versión del DSM-IV (APA, 1994) y en el 2000 se le hizo una ligera revisión (APA, 2000); se estudió entonces si el criterio de estresor debía ser modificado o abolido. Al respecto, Breslau (2002) reporta que algunos eventos definidos como traumáticos según el DSM-III no están "fuera del rango de experiencias humanas usuales", y que es muy frecuente encontrar estresores comunes con capacidad de producir TEPT. Esta autora sostiene que el 75% de las personas experimentan experiencias traumáticas en algún momento de sus vidas. Estudios epidemiológicos han mostrado que los asaltos físicos y sexuales son desafortunadamente comunes en la gran mayoría de los países. Kilpatrick et ál. (1998) sostienen que el criterio de estresor, como algo que está fuera del rango de experiencias humanas usuales, no es adecuado porque la mayoría de las personas experimenta al menos un evento traumático durante el curso de su vida, el cual califica dentro del criterio *a*, y que algunos eventos, a pesar de ser poco frecuentes, son muy comunes en la población. Se estudió si las personas que experimentaban otros eventos estresantes como divorcio, pérdida del trabajo, muerte de un ser querido, también desarrollaban TEPT y se concluyó que pocas personas lo desarrollan a menos que experimenten un evento estresante extremo. Por otra parte, hubo un énfasis mayor para incluir un componente subjetivo de angustia ante el evento estresante en el criterio *a* (Kilpatrick et ál., 1998). Taylor (2006) sostiene que la definición de estresor según el DSM-III, como un evento que puede definirse objetivamente como traumático es problemático, debido a que lo estresante de los eventos depende de la interpretación y el significado que hace la persona de este.

Así, en el DSM-IV se formalizaron algunos cambios en el criterio diagnóstico del TEPT y se incluyó una nueva categoría, la del trastorno de estrés agudo, dando como resultado los siguientes criterios para el TEPT:

1. *Exposición* a un evento traumático que involucra amenaza de muerte o muerte, lesión severa o amenaza a la integridad física de sí mismo o de otros, que incluye una reacción de temor intenso, desesperanza y horror (criterio *a*).

2. *Reexperimentación* de al menos uno o más síntomas, mediante recuerdos e intrusiones desagradables del evento, que abarcan imágenes, pensamientos y percepciones; sueños desagradables y recurrentes; conductas o sentimientos como si el evento estuviese ocurriendo (incluye reexperimentar la experiencia —*flashbacks*—, ilusiones, alucinaciones y episodios disociativos retrospectivos, así como aquellos que se presentan al despertar o al estar intoxicado) (criterio *b*).

   Los síntomas de reexperimentación generan angustia y son intrusivos, y la persona no tiene control sobre la manera cómo y cuándo se presentan; adicionalmente, elicitan fuertes emociones negativas asociadas con el trauma inicial (Janoff-Bulman, 1992; Resick y Schnicke, 1992).

   Las señales de miedo algunas veces son obvias, como en el caso de un combatiente que se atemoriza ante un ruido estruendoso. Sin embargo, en ocasiones la relación entre el trauma y las señales no son claras. Por ejemplo, en caso de violación, cuando la mujer presenta una reacción de miedo al bañarse; en esta situación, se siente vulnerable por estar sola, desnuda y sin ruta de escape (Resick, Monson y Rizvi, 2008).

   Ocasionalmente, estos recuerdos pueden ser tan vívidos y multisensoriales, que la persona siente que está reviviendo la experiencia. Estos pensamientos generalmente están desencadenados por estímulos sensoriales como aquellos presentes en el evento original, (objetos, ruidos de helicóptero, olores, etcétera).

Otra característica del TEPT es un malestar psicológico intenso al exponerse a señales, internas o externas, que simbolicen o se asemejen al evento traumático y reactividad fisiológica.

3. *Evitación* persistente de estímulos asociados con el trauma y entumecimiento de responsividad general (ausente antes del trauma), que se manifiesta en tres o más de las siguientes respuestas: esfuerzo por evitar pensamientos, sentimientos o conversaciones asociados con el trauma; esfuerzo por evitar actividades, lugares o personas que activen estos recuerdos; incapacidad para recordar aspectos importantes del evento, disminución marcada del interés en participar en actividades significativas, sentimiento de separación o alejamiento frente a los demás, restricción en el rango de los afectos (incapacidad para tener sentimientos amorosos), sensación de acortamiento del futuro (no se tienen expectativas frente a culminar una carrera, contraer matrimonio, tener hijos o llevar una vida normal) (criterio *c*).

   Como se ha visto, algunos estudios han demostrado que la evitación está más claramente asociada con los síntomas de reexperimentación, mientras que el entumecimiento está asociado con una fuerte activación de síntomas (Buckley, Blanchard y Hickling, 1998; Taylor et ál., 1998).

   Por su parte, Resick y Schnicke (1992) sostienen que la evitación de los recuerdos del trauma conlleva a un decremento temporal de las emociones intensas y dolorosas, lo cual a su vez incrementa la conducta de evitación. Asimismo, los síntomas de entumecimiento o de separación constituyen un intento por evitar las emociones asociadas con los recuerdos intrusivos. Esta separación puede generalizarse a emociones tanto positivas como negativas, y es por esta razón que los sobrevivientes de trauma generalmente reportan no tener sentimientos ni emociones fuertes.

4. *Activación* fisiológica de síntomas (no presentes antes del trauma), que se manifiesta en dos o más de las siguientes condiciones: dificultad para conciliar o mantener el sueño, irritabilidad o explosiones de ira, dificultad para concentrarse, hipervigilancia y respuesta de alarma exagerada, lo cual sugiere que el individuo permanece en un estado constante de respuesta de lucha-huida, que es similar a la manera como su cuerpo reaccionó durante el evento traumático. (criterio *d*).

5. Para cumplir el diagnóstico de TEPT, se requiere que la duración de la reexperimentación de síntomas, la evitación/entumecimiento y la sobreactivación fisiológica se presente concurrentemente durante por lo menos un mes, y que esta sintomatología genere un malestar general en el funcionamiento del individuo.

Resick, Monzon y Rizvi (2008) reportan que un número sustancial de víctimas exhibe síntomas consistentes con el diagnóstico de TEPT inmediatamente posterior al evento traumático. Sin embargo, esta tasa se reduce casi a la mitad, tres meses después del postrauma y luego tiende a estabilizarse. En un estudio (Rothbaum y Foa, 1993) se encontró que mujeres abusadas sexualmente al ser evaluadas dos semanas después, un mes, tres meses, seis meses y nueve meses posteriores al evento exhibieron tasas de diagnóstico de TEPT del 94, el 65, el 47, el 42 y el 42% respectivamente, lo cual implica que después de los primeros tres meses del trauma, las tasas de TEPT no tienen una reducción significativa.

Davidson y Foa (1993) plantean que las reacciones que aparecen dentro de los tres primeros meses posteriores al evento traumático corresponden a un cuadro agudo que cambia a crónico si las reacciones persisten más allá de este período. Por su parte, las reacciones que aparecen después de los tres primeros meses se han conceptualizado como un cuadro de estrés postraumático tardío.

El inicio tardío del TEPT no es frecuente y puede reflejar síntomas por debajo del umbral (debido a la disociación, amnesia o evitación excesiva), o a un cambio en el significado del evento. Por ejemplo, el perpetrador asesina a otra víctima y este hecho cambia el significado que tiene el evento en el individuo (Resick, Monzon y Rizvi, 2008).

6. El malestar ocasiona alteraciones clínicas severas en las áreas social, laboral y otras funcionales importantes.

Los recuerdos del trauma por sí mismos no constituyen el TEPT. El punto es cómo y de qué manera interfieren con el bienestar del individuo, y si interfieren con otras áreas de funcionamiento. El TEPT conlleva, además de los síntomas anteriormente mencionados, otras reacciones como deterioro en la modulación del afecto, vergüenza, pérdida de creencias, sensación constante de amenaza, hostilidad, duda e inseguridad. Es común que las personas víctimas de situaciones traumáticas experimenten aislamiento, sentimientos de ira y hostilidad hacia los demás.

En casos más extremos, el aislamiento se manifiesta en una inhabilidad para sentir afecto o establecer relaciones cercanas. En el caso de veteranos de guerra que presentan entumecimiento de respuesta, pueden seguir experimentando poca o ninguna emoción cuando sucede algo positivo o negativo en su medio (Smyth, 1999). El abuso de sustancias, especialmente alcohol, es común en el TEPT y constituye una manera de escapar de los recuerdos. Generalmente se utiliza para conciliar el sueño y evitar las pesadillas, al igual que para reducir la ansiedad y la tensión.

Síntomas depresivos como dificultad para dormir, pérdida de apetito, dificultad para concentrarse y sentimientos de culpa, son otras características del TEPT. Los sobrevivientes de situaciones traumáticas reiteran una y otra vez lo que hicieron o dejaron de hacer para sobrevivir, mientras que las demás fallecieron. Se culpan por errores reales o por errores que estuvieron fuera de su control. Smyth (1999) sostiene que el riesgo de suicidio está relacionado con la depresión y no debe pasar inadvertido, pues también puede llevar a comportamientos desordenados y destructivos, sin un intento real de suicidio.

Friedman, Resick y Keane (2007) sostienen que el principal desarrollo de la clasificación del DSM-IV fue la introducción del trastorno de estrés agudo, que surgió de las recomendaciones del subcomité de los trastornos disociativos del DSM-IV, con la observación de que las personas que presentan síntomas disociativos durante o inmediatamente después del evento traumático tienen más probabilidades de desarrollar TEPT. Este trastorno también surgió como una estrategia para acortar la brecha entre la ocurrencia del evento traumático y el mes posterior al trauma. El trastorno debe durar como mínimo dos días y como máximo cuatro semanas; después de este tiempo, se introduce el diagnóstico del TEPT. Los criterios para el trastorno de estrés agudo abarcan los mismos criterios del TEPT con respecto al evento traumático y a la presencia de síntomas de reexperimentación, evitación y activación, pero no en las configuraciones 1, 2 y 3, necesarias para el diagnóstico del TEPT. El trastorno de estrés agudo difiere, sin embargo, en que el individuo debe experimentar por lo menos tres tipos de respuestas disociativas (amnesia, despersonalización, derealización, etcétera). La disociación se refiere al rompimiento de las funciones normales integradas de conciencia, identidad, memoria o percepción de sí mismo o del entorno, manifestado por las respuestas disociativas mencionadas anteriormente (APA, 2000).

Mientras que los aspectos emocionales del TEPT son sustanciales, también se deben considerar las consecuencias que tiene este trastorno en los planos social, interpersonal y psicosocial. El TEPT puede tener costos sociales devastadores que incluyen profundas disrupciones en la familia y en las relaciones. Koss, Koss y Woodruff (1991) sostienen que las personas con TEPT tienen más probabilidad de utilizar servicios médicos costosos de manera inapropiada, tienen salarios más bajos, mayores tasas de divorcio y problemas con los sistemas legales. Reportan asimismo mayor nivel de insatisfacción, problemas más frecuentes en la crianza de los hijos y mayor movilidad laboral. De esta manera, la exposición a eventos traumáticos y el desarrollo posterior del TEPT constituyen un problema mayor en la salud pública de cualquier nación. Los individuos con TEPT, en comparación con los que no lo padecen, tienen más probabilidad de recibir atención médica por problemas emocionales y médicos en general, tales como síntomas médicos inexplicables (dolores de cabeza recurrentes) y condiciones médicas generales que pueden estar asociadas con activación crónica (por ejemplo, hipertensión) (Taylor, 2006).

Es importante resaltar que desde la clasificación diagnóstica del TEPT de la cuarta edición (DSM-IV, APA, 1994), se han realizado estudios exhaustivos de investigación que han cuestionado la estructura diagnóstica de este trastorno, al igual que los ítems incluidos en la nosología actual. Se han realizado estudios de siete factores analíticos (Amdur y Liberzon, 2001; Simms, Watson y Doebbeling, 2002; Buckley, Blanchard y Hickling, 1998; Taylor et ál., 1998) y en ninguno de ellos se ha encontrado la estructura de los tres factores que componen el diagnóstico actual del TEPT (criterios b, c y d). Por el contrario, algunos estudios (Resick, Monzon y Rizvi, 2008) han encontrado dos factores (han apareado el entumecimiento con la activación fisiológica y los síntomas intrusivos con la evitación) y otros han encontrado cuatro factores (han separado los síntomas de evitación persistente de los de entumecimiento general de respuesta). Con respecto a los ítems incluidos en el diagnóstico, la intrusión hace referencia más a los de tipo sensorial, especialmente de imágenes visuales distintas a la cognición (Ehlers y Clark, 2000).

Una gran parte de los estudios ha incluido los sentimientos de culpa y vergüenza en el desarrollo y el mantenimiento del TEPT (Andrews et ál., 2000;

Beckham, Feldman y Kirby, 1998). Sin embargo, el criterio diagnóstico no hace alusión a ninguno de estos aspectos.

Otra consideración importante es si el trastorno de estrés agudo y el TEPT se deben clasificar bajo los trastornos de ansiedad, debido a la cantidad de emociones de culpa, vergüenza, disgusto, ira y tristeza implicados, que previenen la recuperación del TEPT (Resick, 2001).

Dados los cuestionamientos que se han hecho con respecto a la clasificación diagnóstica del TEPT, está bajo estudio una nueva propuesta del DSM-V, la cual se estima será publicada en el 2013, en la que se plantea modificar el criterio del TEPT en términos de dividir los síntomas de evitación y de entumecimiento de respuesta en entidades separadas. Según Asmundson, Stapleton y Taylor (2004) la evitación y el entumecimiento son entidades empíricamente distintivas, difieren en sus correlatos clínicos (el entumecimiento se correlaciona más fuertemente con la depresión), en su pronóstico (el entumecimiento, y no la evitación, predice una baja respuesta al tratamiento en algunos estudios) y en su respuesta al tratamiento (por ejemplo, los tratamientos cognitivo-conductuales pueden tener un mayor impacto en la evitación que en el entumecimiento).

Igualmente, está bajo estudio otra propuesta para el DSM-V, en la que se sugiere una nueva categoría llamada trastornos de estrés relacionados con el circuito de miedo, que incluye el TEPT así como el trastorno de pánico, la fobia simple y la fobia social. Esta propuesta se ha revisado extensivamente: Andrews et ál. (s.f.) sostienen que debido a que dichos trastornos comparten una base común de alteraciones neurocirculatorias, neurohormonales y cognoscitivas, podrían clasificarse conjuntamente y hacer parte de esta nueva categoría, de ser acogida la propuesta en el DSM-V (Friedman, Resick y Keane, 2007).

Keane y Barlow (2002) reportan que entre los planteamientos de investigación más relevantes del TEPT desde hace dos décadas, se encuentra el hecho de que no todas las personas expuestas al mismo evento traumático desarrollan esta condición psicológica. La literatura sugiere que a pesar de que los eventos ambientales contribuyen al desarrollo del TEPT, también interactúan con otros factores para producir el trastorno, como se verá en el siguiente capítulo. Keane y Barlow sostienen que se conocen los eventos proximales o los factores precipitantes que activan el TEPT en individuos vulnerables; no obstante, estos eventos no son suficientes por sí solos para causar el trastorno en todos los individuos expuestos. Sin embargo, a medida que los eventos son más severos en naturaleza, las probabilidades de que las personas que los experimenten desarrollen el TEPT se incrementan.

En términos generales el planteamiento que se está estudiando para el diagnóstico del TEPT en el DSM-V va a incluir modificaciones en el criterio *a*, pues se ha visto que el TEPT puede desarrollarse después de experimentar una serie de eventos que no amenazan la vida (por ejemplo divorcio, problemas económicos). De la misma manera, estudios recientes han demostrado la frecuente aparición de síntomas de TEPT en individuos depresivos que no han experimentado el criterio *a* (Bodkin et ál., 2007), y entre personas con fobias sociales que responden a situaciones en las que tienen una ejecución fallida (Erwin et ál., 2006). Aun cuando el individuo se expone al criterio *a*, algunos estudios han encontrado que factores de vulnerabilidad (por ejemplo historia psiquiátrica) y apoyo social contribuyen más a la morbilidad postrauma que la magnitud del trauma etiológico que se presume (Ozer et ál., 2003).

En resumen, Rosen, Spitzer y McHugh (2008) sostienen que los eventos del criterio *a* no son ni necesarios ni suficientes para producir el TEPT. En cambio parecen representar estresores de gran magnitud que son indistintos de toda la gama de factores estresantes, que pueden tener un impacto sobre el individuo y crear riesgo de morbilidad psiquiátrica. En ausencia de una etiología específica, la justificación para el diagnóstico del TEPT radica en el carácter distintivo del síndrome clínico. Esto es problemático cuando se considera que una combinación de síntomas de depresión y fobia específica constituyen los criterios necesarios para el diagnóstico del TEPT (Spitzer, First y Wakefield, 2007), lo cual plantea la preocupación de que el TEPT, al menos en algunas ocasiones, es simplemente una amalgama de otros trastornos.

En preparación para la quinta versión del *Manual Diagnóstico* de la Asociación Americana de Psiquiatría (APA, 2010), se han propuesto los siguientes cambios:

- *Criterio* a *(experiencia con el evento traumático).* Se especifica más claramente y la evaluación de la respuesta emocional del individuo en el momento del trauma se elimina (criterio *a2*).
- *Varios elementos en el criterio* b *(síntomas de intrusiones).* Son reescritos para agregar o aumentar ciertas distinciones que ahora se consideran importantes.

- Se prestará especial atención a criterios sobre desarrollo que sean apropiados para su uso con niños y adolescentes. Esto es especialmente evidente en el replanteamiento del criterio *b* —síntomas de intrusión—. Los criterios de desarrollo específicos a la edad están en estudio en este momento.

- *Criterio* c *(entumecimiento y evitación).* Se ha dividido en *c* y *d*:

  — *Criterio* c *(nueva versión).* Ahora se centra únicamente en la evitación de conductas o de recordatorios físicos o temporales de la(s) experiencia(s) traumática(s). Lo que anteriormente constituían dos síntomas ahora son tres, debido a pequeños cambios en las descripciones.

  — *Nuevo criterio* d. Se centra en alteraciones negativas en la cognición y el estado de ánimo asociadas con los eventos traumáticos y contiene dos nuevos síntomas: un síntoma ampliado y cuatro síntomas prácticamente sin cambios en los criterios anteriores.

- *Criterio* e *(anteriormente* d*).* Se centra en el aumento de la activación y reactividad, contiene una revisión modesta de uno de los síntomas, una revisión completamente nueva de otro síntoma y cuatro síntomas que no se modifican.

- *Criterio* f *(anteriormente* e*).* Todavía requiere que la duración de los síntomas sea de al menos un mes.

- *Criterio* g *(anteriormente* f*).* Estipula el impacto de los síntomas ("perturbación") de la misma manera que antes.

- Se elimina la distinción de "agudo" frente a "demorado"; el especificador "demorado" se considera apropiado si la aparición de los síntomas clínicos se da seis meses después de los eventos traumáticos.

- "Trastorno de trauma del desarrollo", un nuevo diagnóstico propuesto, estaba todavía bajo discusión (APA, 2010).

El campo teórico y práctico del TEPT ha avanzado enormemente en estas tres décadas desde que se oficializó su diagnóstico en 1980. Friedman, Resick y Keane (2007) sostienen que actualmente el campo del TEPT ha avanzado no solamente en temas científicos y clínicos relevantes, sino también en su capacidad de análisis, la cual ha permitido incursionar a nivel microscópico en el campo de la neurobiología, con estudios en neurocircuitos y neuroplasticidad del TEPT (Neumeister, Henry y Cristal, 2007), en alteraciones neurobiológicas asociadas al TEPT (Southwick et ál., 2007) y en interacciones entre genes y ambiente (Segman,

Shalev y Gelernter, 2007), y en el nivel macro con estudios epidemiológicos (Norris y Slone, 2007), de aspectos legales (Sparr y Pitman, 2007), transculturales (Osterman y Jong, 2007) y de salud mental pública del TEPT (Watson, Gibson y Ruzek, 2007).

II. Modelos cognitivo-conductuales

En el presente capítulo se abordan las principales aproximaciones teóricas del trastorno de estrés postraumático (TEPT). Se explican los modelos de condicionamiento, la teoría socialcognitiva, la teoría del procesamiento emocional, los modelos de procesamiento-cognitivo y los modelos de estructuras de representación múltiples y se hace una descripción detallada y crítica de las fortalezas y debilidades de cada uno de los modelos teóricos existentes en la literatura sobre del TEPT.

2.1. Aproximaciones teóricas

En lo que refiere a las aproximaciones teóricas para el abordaje del TEPT, Calhoun y Resick (1993) consideran que los diferentes modelos teóricos varían en su nivel de análisis y complejidad, tendiendo en gran medida a superarse unos a otros. Desde el inicio de las investigaciones de los combatientes de Vietnam en los años setenta, los investigadores han tratado de explicar los síntomas del TEPT según las teorías del aprendizaje. En su fase inicial, esta teoría incluyó diversas técnicas (desensibilización sistemática, entrenamiento en relajación, *biofeedback*), que se centraron en la teoría de los dos factores del condicionamiento clásico y operante. Posteriormente surgieron otros procedimientos que se centraron en los síntomas del TEPT (exposición prolongada, terapia cognitiva, terapia del procesamiento cognitivo). La teoría del procesamiento emocional y las teorías sociales cognoscitivas enfatizaron en el procesamiento de información y el impacto del trauma en el sistema de creencias del paciente. Esta teoría predominó sobre la teoría del aprendizaje. Brewin, Dalgleish y Joseph (1996) propusieron la teoría de la representación dual, que incorpora la teoría del procesamiento de la información y las teorías sociales-cognitivas. Estos autores han centrado su trabajo en las investigaciones de las ciencias cognoscitivas relacionadas con aspectos de memoria.

Cahill y Foa (2007) sostienen que una teoría psicológica adecuada del TEPT debe abarcar por lo menos tres aspectos. Primero, debe incorporar la fenomenología del TEPT, incluyendo los síntomas específicos y las características importantes asociadas, por ejemplo, aspectos cognitivos relacionadas con el trauma acerca de la peligrosidad del mundo y la incompetencia del individuo para enfrentarlo (Foa et ál., 1999; Janoff-Bulman, 1992; McCann y Pearlman, 1990). Segundo, debe considerar el curso natural de las reacciones postrauma y el hecho de que los síntomas del TEPT son comunes en la fase posterior inmediata al trauma. Sin embargo, la mayoría de sobrevivientes a eventos traumáticos experimenta una rápida reducción de síntomas dentro de los primeros tres meses posteriores al trauma (Riggs, Rothbaum y Foa, 1995) y no llega a desarrollar el TEPT. Por otra parte, una minoría importante de sobrevivientes no se recupera totalmente de sus síntomas; para Cahill y Foa (2007), una teoría adecuada debe ser capaz de explicar tanto la recuperación natural, como las fallas en la recuperación. Finalmente, la teoría debe dar cuenta de la eficacia de la terapia cognitiva-conductual, debido a que varias formas de esta terapia han demostrado su efectividad en la reducción de síntomas severos de TEPT, así como en la depresión y la ansiedad.

2.1.1. *Modelo de condicionamiento*

La teoría de los dos factores de Mowrer (1960) del condicionamiento clásico y operante se propuso inicialmente para explicar los síntomas del TEPT (Becker et ál., 1984; Kilpatrick, Veronen y Resick, 1982; Kilpatrick, Veronen y Best, 1985). El modelo de condicionamiento explica a través de procesos de aprendizaje la adquisición y el mantenimiento de los síntomas del TEPT. Sostiene que los sentimientos de terror, indefensión y ansiedad extrema, es decir, los altos niveles de activación y malestar que se experimentan durante el evento traumático permiten predecir, según los diferentes procesos de condicionamiento clásico, la adquisición de problemas relacionados con el trauma. En esta medida, la reexperimentación y la activación de síntomas son vistas como respuestas emocionales condicionadas que surgen del condicionamiento clásico y son elicitadas por los estímulos ambientales (Foa, Keane y Friedman, 2000).

Keane, Zimering y Cadell (1985) sostienen que en el TEPT la ansiedad se evoca no sólo por los estímulos presentes durante el trauma, sino también por el proceso de condicionamiento de segundo orden y la generalización de estímulos, en el que una amplia gama de situaciones adquiere las propiedades de inducir el temor. Estos autores proponen que las características de las respuestas del TEPT, como la reexperimentación del evento traumático a través de pensamientos, recuerdos y pesadillas hacen parte del proceso normal de recuperación ante un evento traumático. Sin embargo, cuando se presenta un alto grado de generalización y condicionamiento de orden superior, estos síntomas tienden a tornarse crónicos (Cahill y Foa, 2007).

En un intento para explicar las razones por las cuales no se extingue la ansiedad de los estímulos temidos en los veteranos de la guerra de Vietnam, Keane, Zimering y Cadell (1985) reportan que las exposiciones espontáneas a los estímulos temidos son incompletas, no incluyen todos los estímulos condicionados y son de corta duración, de manera que no permiten la extinción. Sostienen además que en la terapia de exposición en imaginación es necesario suministrar un mayor número de señales, de manera que se mejore la memoria y se permita la confrontación con estímulos relacionados al trauma.

En la teoría de los dos factores, el condicionamiento operante, por su parte, explica el desarrollo de los síntomas de evitación y el mantenimiento de estos. Resick, Monson y Rizvi (2008) sostienen que debido a que la memoria traumática y otros estímulos condicionados generan el miedo y la respuesta emocional condicionada, se tiende a evitar o escapar de estas señales, lo que genera una reducción del temor y la ansiedad. De esta forma, la evitación de los estímulos condicionados se refuerza negativamente, y se previene la extinción de la conexión entre las señales del trauma y la ansiedad. Otros procesos dentro de la teoría del condicionamiento, como la generalización de estímulos y el condicionamiento de orden superior, explican el número de estímulos generadores del miedo.

Más recientemente, el modelo de la etiología del TEPT presentado por Keane y Barlow (2002), retiene las características básicas del modelo de condicionamiento visto anteriormente por Keane et ál. (1985), pero sitúa el TEPT dentro de una teoría más amplia de ansiedad patológica de Barlow (1988). Central a esta teoría está la idea de que existen dos vulnerabilidades generalizadas a la psicopatología: una biológica, que constituye un rasgo genético para experimentar estados negativos intensos a nivel afectivo, por ejemplo, pánico y ansiedad. Calill y Foa (2007) sostienen que con respecto a la vulnerabilidad biológica se encuentra la distinción entre alarmas verdaderas y falsas, que hacen alusión a la respuesta de lucha-huida. Al respecto, las emociones básicas intensas constituyen *alarmas verdaderas* (es decir, el miedo que ocurre como consecuencia de una amenaza directa al peligro o una experiencia traumática legítima). Otras emociones como ira o angustia, que resultan de los efectos sobrecogedores del evento traumático, conducen a la aparición de *alarmas aprendidas* (que describen el proceso de condicionamiento clásico en el TEPT). Estas alarmas aprendidas ocurren durante la exposición a las situaciones que simbolizan o se asemejan a la situación traumática, por ejemplo, aniversarios y otras fechas relevantes del evento traumático. El desarrollo de las alarmas aprendidas conlleva a una evitación persistente de los estímulos asociados al trauma.

La segunda vulnerabilidad a la que hace alusión el modelo de Barlow (1988) es la psicológica, que hace referencia a una sensación de control disminuido y al concepto de una aprehensión ansiosa. Es decir, un estado de ánimo orientado hacia el futuro, que se caracteriza por una hipervigilancia y un sesgo cognitivo hacia la amenaza, tanto externo como interno (por ejemplo, estímulos interoceptivos asociados con emociones fuertes) (Calill y Foa, 2007). Las experiencias de *alarma verdadera* y de otras emociones intensas no son suficientes por sí mismas para desarrollar el TEPT. Se debe desarrollar ansiedad o la sensación de que estos eventos, incluyendo las propias reacciones emocionales, proceden de manera impredecible e incontrolable, de manera que cuando el afecto negativo se desarrolla (incluyendo un sentido de incontrolabilidad), se entra en un círculo vicioso de aprehensión ansiosa y se desarrolla el TEPT. A pesar de que la teoría del aprendizaje explica en gran medida el desarrollo y el mantenimiento del miedo y la evitación del TEPT, no explica la razón por la cual se presentan los síntomas de reexperimentación del evento traumático. Keane et ál. (1985) explican los *flashbacks*, las pesadillas y las imágenes intrusivas del evento a través del alto grado de generalización que hace imposible la evitación de los recuerdos traumáticos. No obstante se expliquen los pensamientos intrusivos y los *flashbacks*, no se puede decir lo mismo de las pesadillas, debido a que los factores que contribuyen a su contenido, presencia y función, son frecuentemente desconocidos en la población general (Cahill y Foa, 2007).

Taylor (2006) sostiene que el modelo del condicionamiento no explica las diferencias individuales en el condicionamiento, es decir, las razones por las cuales las personas con TEPT se condicionan más rápido a estímulos de miedo, en comparación con muestras de control normal. Igualmente, señala que el modelo no explica los síntomas de entumecimiento general de respuesta, ni el rol de las creencias disfuncionales del TEPT. A pesar de estas limitaciones, el modelo de condicionamiento es importante y ha sido incluido en otros modelos del TEPT, los cuales se describen a continuación.

2.1.2. *Teoría social-cognitiva*

Una perspectiva diferente para entender las reacciones postrauma ha surgido de las teorías de la personalidad y de la psicología social (Epstein, 1991; Horowitz, 1976, 1986; Janoff-Bulman, 1992; McCann y Pearlman, 1990). Estas teorías explican los efectos de las experiencias traumáticas mediante el concepto de esquemas cognoscitivos; es decir, de los supuestos y creencias que guían la percepción e interpretación de la información. Cahill y Foa (2007) sostienen que un aspecto común a la teoría social-cognitiva es que los eventos traumáticos generalmente discrepan de los esquemas existentes, y que para procesar una experiencia traumática se requiere modificar dichos esquemas. Esta modificación se hace a través de dos mecanismos propuestos en la teoría de Piaget (1971): asimilación y acomodación.

Horowitz (1986) propuso que en el ser humano existe una tendencia psicológica para integrar la información incompatible del entorno con el sistema de creencias existentes. Esta tendencia hace que la información del trauma permanezca en la memoria activa hasta que se procesa y se resuelve el evento. Cuando imágenes del trauma (*flashbacks*, pesadillas, síntomas intrusivos), pensamientos acerca del significado del trauma o emociones asociadas se tornan insoportables, la persona presenta entumecimiento o evitación. Una implicación del modelo de Horowitz es que la evitación mantiene la persistente incongruencia entre la experiencia traumática y las estructuras mentales, lo cual es central en el mantenimiento de la psicopatología postraumática (Cahill y Foa, 2007).

Otras teorías se han centrado más en el contenido de las cogniciones del TEPT y proponen que los supuestos básicos acerca del mundo y de la persona se encuentran alterados. Las teorías constructivistas se basan en la idea de que las personas activamente crean sus propias representaciones internas del mundo y de ellos mismos (Resick, Monzon y Rizvi, 2008). Estas teorías se centran en un rango de reacciones emocionales, tanto primarias (miedo, tristeza e ira), como secundarias (culpa y vergüenza). La información nueva que es congruente con creencias previas acerca de sí mismo y del mundo se asimila rápidamente y sin esfuerzo, se ajusta a los esquemas y requiere de poca atención para incorporarla. Por otra parte, cuando suceden eventos que discrepan de los esquemas, los individuos deben reconciliar el evento con sus creencias acerca de ellos mismos y del mundo. Estos esquemas deben alterarse y acomodarse para incorporar nueva información. Sin embargo, en el TEPT por lo general se evita este proceso, debido a las fuertes emociones asociadas con el trauma; asimismo, la modificación de las creencias puede hacer que las personas se sientan más vulnerables ante acontecimientos traumáticos futuros y en lugar de acomodar las creencias para incorporar el trauma, las víctimas pueden distorsionar (asimilar) el trauma, para mantener sus creencias intactas (Rothbaum et ál., 2000).

Resick y Schnicke (1992, 1993) han planteado que el afecto postraumático no se limita al temor y que los individuos con TEPT pueden igualmente experimentar otras emociones fuertes como vergüenza, ira o tristeza. Estas emociones surgen directamente del trauma, pero también de las interpretaciones que hacen los individuos acerca del acontecimiento traumático y del papel que desempeñaron durante el evento. Esta teoría tiene relación con la forma como se codifica la información en la memoria (Hollon y Garber, 1988).

En caso de una experiencia emocional severa no se presenta el procesamiento cognitivo, ya que las víctimas evitan dicha emoción y no adaptan la información, ya sea porque no recuerdan el evento en su totalidad o porque no procesan su significado. Debido a que la información sobre el acontecimiento traumático no ha sido procesada, categorizada y adaptada, los recuerdos del trauma continúan surgiendo durante el día, como recuerdos retrospectivos (*flashbacks*), recuerdos invasores o durante la noche bajo la forma de pesadillas. Se presentan además respuestas emocionales y de activación que hacen parte del recuerdo del trauma, lo cual desencadena una mayor evitación (Astin y Resick, 1997).

Los representantes de la teoría social-cognitiva afirman que es necesaria la expresión afectiva, no con el fin de lograr la habituación, sino con el objetivo de que el recuerdo del trauma se procese totalmente. Se espera que la emoción, una vez que se ha tenido acceso, se desvanezca rápidamente y se empiece el proceso de adaptación de los recuerdos traumáticos a los esquemas. Una vez se modifiquen las creencias acerca del evento traumático (autorreproche, culpa) y las creencias sobre generalizadas acerca de sí mismo y del mundo (seguridad, confianza, control, estima, intimidad), entonces las emociones secundarias desaparecerán, al igual que los recuerdos intrusivos (Resick, Monzon y Rizvi, 2008).

Cahill y Foa (2007) sostienen que estas teorías tienen dos debilidades. Por una parte, no se centran en aspectos clínicos implicados en el desarrollo de una psicopatología postraumática específica, sino que, por el contrario, se centran en el impacto del trauma sobre creencias más generales. Por otra parte, el mecanismo principal por el cual los eventos traumáticos producen las reacciones postrauma, se debe a que destruyen supuestos y creencias positivas acerca de la naturaleza del mundo, de los demás y de sí mismo. Sostienen que este supuesto puede ser verdadero para la minoría de personas, que no ha experimentado estresores mayores previos al trauma en cuestión; sin embargo, estudios epidemiológicos indican que muchos individuos experimentan traumas repetidos (Kessler et ál., 1995). Estas teorías explican la manera como un trauma adicional modifica un esquema preexistente en individuos con historias de traumas múltiples; sostienen que las víctimas deberían presentar una equivalencia entre los modelos interiorizados del mundo y el nuevo evento traumático. Se esperaría entonces que estos modelos no presentaran alteraciones y en consecuencia el proceso de recuperación se diera de manera más rápida. No obstante, la investigación no apoya esta predicción, y se ha visto que las experiencias con traumas múltiples incrementa, en vez de decrementar, la probabilidad de un TEPT crónico. Bryan y Guthrie (2005) encontraron que los esquemas negativos previos al trauma aumentan en vez de disminuir la severidad de los síntomas del TEPT veinte meses después de la exposición al evento traumático.

Estas teorías, según McCann y Pearlman (1990), no explican las razones por las cuales en ocasiones los eventos traumáticos pueden promover un crecimiento personal en lugar de una psicopatología y las creencias positivas preexistentes pueden tener una función de protección en vez de constituir un factor de riesgo para el desarrollo del TEPT.

2.1.3. *Teoría del procesamiento emocional*

Esta teoría propone que individuos que han sufrido estímulos estresantes traumáticos desarrollan estructuras de temor, que contienen recuerdos del acontecimiento traumático, así como emociones asociadas y planes de escape. Foa, Steketee y Rothbaum (1989), basados en la teoría del procesamiento de la información de Lang (1977), sugieren que el TEPT surge debido al desarrollo de una estructura de temor interna en la memoria que provoca la conducta de escape y evitación. La estructura que subyace al TEPT se caracteriza por un amplio rango de estímulos inofensivos, que se asocian equivocadamente con el significado de peligro, así como con representaciones, activación fisiológica y respuestas conductuales que causan los síntomas del TEPT. Como la estructura incluye estímulos (estar solo en casa), respuestas (palpitaciones, conductas de seguridad) y elementos de significado (concepto de peligro), cualquier aspecto asociado con el trauma puede evocar el esquema o estructura de temor y la posterior conducta de evitación. Cahill y Foa (2007) sostienen que la estructura de temor se vuelve patológica cuando: 1) las asociaciones entre los elementos de estímulo no representan correctamente el mundo; 2) las respuestas fisiológicas y de escape/ evitación se presentan ante estímulos seguros; 3) los elementos de respuesta excesivos y de fácil emisión interfieren con la conducta adaptativa; y 4) los elementos de respuesta y los estímulos de seguridad se asocian equivocadamente con un significado de amenaza.

Chemtob et ál. (1988) proponen que estas estructuras son activadas constantemente en individuos con TEPT y llevan al individuo a interpretar los eventos como potencialmente peligrosos. Cuando el miedo es activado, la información entra a la estructura de manera consciente (síntomas intrusivos); a su vez, los intentos que hace el individuo para evitar la activación generan los síntomas de evitación del TEPT.

Por su parte Foa y Rothbaum (1998) sostienen que la representación de la forma como se comportó la víctima y de los síntomas que se presentaron durante la experiencia traumática, se asocia de manera equivocada con el significado de incompetencia personal que se tiene. De esta manera, las cogniciones sobre "la peligrosidad del mundo" y la "incompetencia personal" fortalecen la severidad de los síntomas del TEPT que, a su vez, refuerzan estas cogniciones erradas.

El conocimiento preexistente acerca de la seguridad o peligrosidad del mundo y la competencia o incompetencia del individuo influyen en la manera como la memoria traumática es almacenada y en la forma como se perciben las experiencias traumáticas y los síntomas. Al respecto, Cahill y Foa (2007) anotan que hay dos caminos para desarrollar el TEPT: en el primero, el conocimiento preexistente acerca de la seguridad se afecta por el trauma, por ejemplo, cuando el asalto ocurre en la casa de la víctima; en el segundo, el trauma refuerza las percepciones negativas acerca de sí mismo y del mundo en general.

Para resumir, según la teoría del procesamiento emocional, la estructura de temor que subyace al TEPT se caracteriza por un número de estímulos que se asocian erróneamente con el significado de peligro, así como con la activación fisiológica y las reacciones conductuales que se presentan en la sintomatología del TEPT. Debido a la gran cantidad de estímulos que se perciben como peligrosos, individuos con TEPT perciben el mundo como peligroso en su totalidad. Igualmente, las representaciones de la forma como se comportó la víctima durante el trauma, de los síntomas que desarrolló y de la interpretación negativa que hizo de estos síntomas, se asocian con el significado de incompetencia, la cual mantiene y promueve la severidad del TEPT (Foa, Hembree y Rothbaum, 2007).

Foa y Cahill (2006) proponen el concepto de "recuperación natural", el cual se refiere a que mientras los síntomas severos del TEPT son comunes de manera inmediata al evento traumático, la mayoría de los individuos presenta un declive en sus síntomas con el paso del tiempo. La recuperación natural se produce por el procesamiento emocional que hace el individuo, a través de la activación y la confrontación repetida de recuerdos, pensamientos y sensaciones del trauma, y de compartir estas experiencias con los demás.

Foa y Rothbaum (1998) señalan que la exposición reiterada al acontecimiento traumático en un ambiente seguro dará como resultado la habituación al temor y el cambio posterior de la estructura del temor, corrigiendo así la idea errónea de que la ansiedad permanece indefinidamente a menos que se emita una respuesta de escape o evitación. Conforme disminuye la emoción, los pacientes con TEPT modifican los elementos que tienen significado, cambian sus autoverbalizaciones y reducen su generalización (Astin y Resick, 1997).

Otro aspecto central de la teoría del procesamiento emocional, es que el tratamiento exitoso del TEPT debe modificar los elementos patológicos de la estructura del temor, de tal forma que la información que evocan los síntomas de ansiedad pierda su capacidad para generarlos. Cahill y Foa (2007) reportan que se necesitan dos condiciones para modificar la estructura de temor: por una parte, es necesario que la estructura se active; y por otra, que haya nueva información disponible, pero incompatible, con la información errónea que se tiene de esta estructura, de manera que se pueda incorporar en la estructura del temor. La exposición intencional a estímulos temidos pero seguros, durante la terapia de exposición, reúne estas dos condiciones.

La teoría del procesamiento emocional tiene varias fortalezas y ha sido tema de interés para los investigadores de los trastornos de ansiedad. Por una parte, incorpora el impacto que tienen las experiencias de la víctima antes del evento traumático, que pueden servir como factores de riesgo o de resiliencia. Adicionalmente, explica las razones por las cuales la presencia o ausencia de experiencias anteriores aumenta los efectos del trauma y aborda el papel de las creencias del individuo, previas al trauma, acerca de la seguridad del mundo y de las competencias personales en el desarrollo del TEPT (Cahill y Foa, 2007).

Una limitación de este modelo es que no explica claramente los síntomas de entumecimiento y disociación, a pesar de que la teoría se centra en las consecuencias de estos síntomas. Al respecto, Lewinsohn et ál. (1985) sostienen que los síntomas de entumecimiento son consecuencias de la evitación y de la poca exposición a estímulos causantes de la emoción, como se ha propuesto en las teorías conductuales de la depresión. Para Barlow (2002), la evitación general de estados emocionales severos se presenta debido a que las respuestas fisiológicas están asociadas a un significado de peligro; para Foa, Zinbarg y Rothbaum (1992) este mecanismo que se deriva de la investigación animal, explica la evitación de choques incontrolables e impredecibles.

2.1.4. *Modelos de procesamiento cognoscitivo*

Resick y Schnicke (1993) sostienen que estos modelos surgieron con el fin de facilitar la expresión emocional y la adaptación apropiada del acontecimiento traumático a los esquemas más generales sobre sí mismo y el mundo en general. Foa y Kozac (1986) proponen tres características del evento traumático en la etiología del TEPT: peligrosidad, incontrolabilidad e impredictibilidad; es decir, que situaciones altamente amenazantes y peligrosas para el ser humano, que atenten contra la propia vida o la de los demás, en las que no existe una respuesta efectiva para cambiar o suspender el evento y además no es posible predecir su terminación, pueden implicar la aparición del TEPT. Por su parte, Williams y Yule (1995) reportan que la manera como se interpreta la situación traumática es producto de la naturaleza del estímulo, las atribuciones causales, el contexto social y los factores de predisposición preexistentes.

La teoría del aprendizaje contemporáneo de Mineka y Zinbarg (2006) propone que aparte de las experiencias de condicionamiento traumático directo o vicario, existen otros factores que inciden sobre el condicionamiento clásico del estímulo condicionado (EC)-estímulo incondicionado (EI). Estos factores incluyen las percepciones de controlabilidad y predictibilidad de los eventos estresantes, las propiedades del EC, por ejemplo, la proximidad temporal de los eventos estresantes y factores de vulnerabilidad como el temperamento y la historia social y cultural del individuo (Hofmann, 2007).

Los modelos cognoscitivos que explican el desarrollo del TEPT también hacen referencia a aquellas situaciones amenazantes que causan en el individuo un cambio abrupto en su sistema de creencias y esquemas cognoscitivos (creencias acerca del mundo, de un ser supremo, de la justicia, etcétera), o eventos que inducen a la víctima a pensar, sentir o comportarse de forma que contradiga su sistema de valores (experimentar deseos de matar a alguien o tener comportamientos de autodefensa moralmente inaceptados) (Foa y Riggs, 1993).

Beck (1995) sostiene que los esquemas son patrones cognitivos o formas de interpretar la realidad relativamente estables sobre el individuo, el mundo y el futuro. Existe otro tipo de creencias que provienen de los esquemas y hacen referencia a actitudes, reglas o supuestos sobre la manera como funciona el mundo. Estas creencias intermedias se originan en procesos de aprendizaje previos de las interacciones entre el individuo y su entorno a lo largo de su historia de desarrollo. Finalmente, dentro del modelo cognitivo, las creencias se manifiestan a través de pensamientos automáticos, que se caracterizan por ser rápidos y no tener un mayor nivel de conciencia.

Ehlers y Clark (2000) proponen un modelo cognitivo del TEPT que se centra en los factores de amenaza y de memoria. Incluyen factores de condicionamiento, esquemas, creencias disfuncionales, recuerdos verbales y situacionales como constructos explicativos. El énfasis del modelo recae en los factores de mantenimiento del TEPT. Sostienen además que las víctimas son incapaces de percibir que los eventos traumáticos tienen una duración limitada de tiempo y creen que están en peligro constante, y asumen que las actividades normales son más peligrosas de lo que realmente son y sobreestiman la probabilidad de que el evento recurra de nuevo. Una vez ha sucedido el trauma, los individuos distorsionan el significado de los síntomas del TEPT y creen que están en peligro (las alarmas falsas se asumen como alarmas verdaderas) o interpretan sus síntomas como señales de incapacidad para enfrentar eventos futuros. Este modelo considera los problemas en la memoria que ocurren en el momento del trauma y los explica como una falla en el proceso de elaboración e integración de otros recuerdos con respecto a detalles, tiempos y secuencias del evento traumático. Esto puede explicar la razón por la cual las víctimas del TEPT tienen una memoria autobiográfica pobre. Ehlers y Clark sugieren que la naturaleza fragmentada de los recuerdos del trauma, la percepción del recuerdo, como si el evento estuviera sucediendo en el presente y no en el pasado, así como la falla para incorporar el recuerdo del trauma con otras memorias autobiográficas, explican las razones por las cuales un evento que sucedió en el pasado causa una sensación de amenaza en el presente.

Cahill y Foa (2007) sostienen que lo innovador en este modelo cognitivo es el planteamiento de que existe una relación recíproca entre la naturaleza del recuerdo del trauma y la valoración del evento y sus secuelas. Esta relación produce un círculo vicioso que mantiene los síntomas del TEPT, al generar una sensación de amenaza actual que preserva las valoraciones negativas y los otros aspectos de la memoria del trauma, a diferencia de la teoría del procesamiento emocional, que da un valor central a la evitación cognitiva y conductual como factores de mantenimiento del TEPT. En el modelo de Ehlers y Clark, la evitación desempeña un papel secundario: la evitación es vista como resultado y no como causa de la persistente sensación de amenaza actual. Igualmente, el tratamiento derivado de este modelo enfatiza los procedimientos cognitivos, mientras que el tratamiento derivado de la teoría del procesamiento emocional enfatiza la confrontación de la memoria y de los aspectos relacionados con el trauma. Este modelo falla en explicar la razón por la cual adjuntar el componente cognitivo a la terapia de exposición no aumenta la eficacia del tratamiento (Foa et ál., 2005), mientras que adicionar la exposición a la terapia cognitiva sí tiene efecto sobre la efectividad de dicha terapia (Foa y Cahill, 2006). El modelo tampoco explica algunos síntomas del TEPT como el entumecimiento y la disociación, ni las razones por las cuales sólo algunos individuos interpretan los eventos estresantes como amenazantes y meditan acerca del significado de estos eventos (Taylor, 2006).

2.1.5. *Modelos de estructuras de representación múltiples*

Varios investigadores de la cognición humana básica han postulado la existencia de sistemas de representación múltiple en memoria. Por ejemplo, la distinción familiar entre memoria a corto y a largo plazo, memoria declarativa y no declarativa, y memoria implícita y explícita. Estas teorías tratan de explicar las características de los diferentes sistemas de representación y la manera como interactúan entre sí, así como un amplio rango de fenómenos relacionados con el TEPT. El punto de partida para teóricos de la psicopatología que asumen esta posición es el supuesto de que existen por lo menos dos o más sistemas de memoria separados (Cahill y Foa, 2007).

2.1.5.1. Teoría de la representación dual

En un intento por integrar las teorías del TEPT, Brewin, Dalgleish y Joseph (1996) proponen la teoría de la representación dual que incorpora los modelos del procesamiento de la información y las teorías social-cognitivas. Estos autores proponen dos sistemas de representación separados de memoria, que operan de manera paralela durante el trauma y posterior a él: la memoria verbal accesible (VAM, por sus siglas en inglés), y la memoria situacional accesible (SAM). El sistema VAM representa la información verbal que se percibe conscientemente y se expresa en las descripciones orales y escritas del trauma; este sistema es el responsable de que las víctimas puedan narrar lo sucedido. La cantidad de información que se incluye en el VAM es limitada, debido a un proceso de atención, que se afecta por los altos niveles de activación. Como la memoria VAM incluye un registro de lo sucedido durante el trauma, puede incluir información acerca de las emociones que se experimentaron durante el evento (llamadas emociones primarias, especialmente, miedo y desesperanza). Igualmente, debido a que las memorias VAM pueden recuperarse y deliberarse intencionalmente, emociones secundarias (como ira, vergüenza, culpa) pueden producirse por valoraciones subsiguientes de la información (Cahill y Foa, 2007).

Por otra parte, Brewin y Holmes (2003) reportan que las memorias SAM contienen información del procesamiento perceptual de la escena del trauma: por ejemplo, sonidos, imágenes y respuestas corporales presentadas durante el trauma, que se presentaron de manera rápida y no alcanzaron a recibir atención consciente. Las memorias SAM no pueden recordarse deliberadamente; en lugar de esto, se disparan involuntariamente por señales externas e internas del trauma. Este sistema es responsable de los *flashbacks* y de los síntomas de activación fisiológica señalada del TEPT.

Rothbaum et ál. (2000) sostienen que en la teoría de la representación dual se describen dos tipos de reacciones emocionales: una reacción primaria que se condicionó durante el evento (miedo, ira), que se activa con la información fisiológica y sensorial que se reexperimenta, y otras reacciones secundarias como miedo, ira, culpa, vergüenza, tristeza que son consecuencias e implicaciones del trauma. Según este modelo, en el procesamiento emocional del trauma se activan los recuerdos no conscientes (como lo sugieren las teorías del procesamiento de la información), y el intento consciente para buscar significado y resolver los conflictos entre el evento y las creencias y las expectativas previas. El objetivo a nivel clínico es reducir las emociones negativas y reestablecer la sensación de seguridad y control en el ambiente del individuo. Esta teoría sugiere que en casos en los que las emociones sean primarias, sólo se requiere de la terapia de exposición; sin embargo, cuando se presentan emociones secundarias, se requiere de la terapia cognoscitiva.

Este modelo propone que el TEPT surge de dos sistemas de memoria diferentes, no obstante, esta distinción es controvertida, porque no existe evidencia de recuerdos fragmentados a nivel verbal en el TEPT. Los individuos con TEPT reportan episodios a nivel sensorial, en los que se presentan imágenes relacionadas con el trauma y períodos en los que los recuerdos se presentan más de forma verbal o narrativa (Hellawell y Brewin, 2004), lo cual no constituye evidencia de que existan dos sistemas de memoria separados.

Otras preocupaciones acerca del modelo de la representación dual es que se centra más en los *flashbacks*, los cuales constituyen los síntomas menos frecuentes del TEPT. El modelo no explica síntomas más comunes como el entumecimiento general de respuesta, ni tampoco sustenta la presencia de sueños recurrentes; tiene poco que decir acerca de la interacción VAM y SAM, y no da una explicación apropiada acerca del inicio demorado del TEPT. En resumen, este modelo constituye una aproximación interesante, sin embargo, presenta numerosos vacíos que lo ubican en un modelo de menor poder explicativo que del procesamiento emocional (Taylor, 2006).

2.1.5.2. Modelo Spaars (Schematic, Propositional, Analogue, and Associative Representational Systems)

Constituye la aproximación más reciente para explicar el desarrollo de los síntomas del TEPT y trata de integrar las teorías planeadas anteriormente. Inicialmente, se concibió para describir las experiencias emocionales diarias y posteriormente se aplicó al TEPT. Dalgleish (2004) postula el modelo de estructuras de representación múltiple y dice que hay cuatro niveles de representaciones mentales: esquemático, proposicional, análogo y asociativo (Spaars, por sus siglas en inglés). El nivel esquemático representa la información abstracta, genérica o esquemas; en el nivel proposicional la información es accesible verbalmente, similar al VAM, mientras que la información en el nivel análogo se almacena en forma de imágenes, a través de los sistemas sensoriales (incluyendo las sensaciones internas) similar al SAM. Las representaciones asociativas son semejantes a las estructuras de miedo hipotetizadas en la teoría del procesamiento emocional y representan las conexiones entre otros tipos de representaciones.

En el modelo Spaars se generan las emociones a través de dos rutas: una similar a la planteada por el modelo cognitivo de Ehlers y Clark (2000), mediante la valoración en el nivel esquemático, en la que se comparan eventos con metas importantes: la persona califica un evento como amenazante al bloquear una meta importante, entonces experimenta temor. Debido a que los eventos traumáticos son amenazas para la supervivencia, se valoran como tales y causan temor. La segunda ruta para las emociones es a través del aprendizaje asociativo, que es automático y similar a la activación del miedo descrita por Foa et ál. (1989).

Resick, Monzon y Rizvi (2008) reportan que dentro del modelo Spaars el evento traumático dispara una reacción intensa de temor, desesperanza y horror, así como una gama amplia de otras emociones. La información acerca del evento traumático es almacenada en los niveles esquemáticos, proposicionales y análogos simultáneamente. Debido a que la memoria del evento traumático representa una amenaza actual a las metas, la persona permanece con un nivel bajo de activación de miedo, con un sesgo cognitivo para atender a las valoraciones de amenaza y a imágenes sensoriales intrusivas.

Una ventaja de los modelos de estructuras de representación múltiples incluye un mayor nivel explicativo, una mejor dirección en el proceso de adquisición de nuevo conocimiento y un realce en el tratamiento. Cahill y Foa (2007) sostienen que, adicionalmente, estos modelos se basan en las investigaciones de las neurociencias cognitivas, en las que el conocimiento acerca de los procesos básicos de memoria generan un avance del conocimiento en la psicopatología y sus tratamientos.

Finalmente, todas la teorías descritas en este capítulo, a excepción de las teorías de esquemas, explican los mecanismos que subyacen a la terapia cognitivo-conductual para el TEPT. La teoría del condicionamiento enfatiza el papel de la exposición para modificar las asociaciones patológicas y la teoría del procesamiento emocional enfatiza el papel de la exposición en modificar las asociaciones maladaptativas al igual que las cogniciones. Como lo reporta Dalgleish (2004), un objetivo del modelo de Ehlers y Clark (2000) es suministrar un contexto teórico para el desarrollo de un nuevo paquete de tratamiento cognitivo conductual para el TEPT. No obstante, Cahill y Foa (2007) sostienen que a pesar que la teoría fue exitosa en lograr este objetivo, el modelo de Ehlers y Clark es inconsistente con estudios que demuestran que la adición del componente de restructuración cognoscitivo es superfluo cuando se suministra la terapia de exposición.

III. Evaluación del trastorno de estrés postraumático

En el presente capítulo se hace una descripción detallada de los instrumentos de evaluación para el trastorno de estrés postraumático (TEPT), en la que se mencionan las principales entrevistas diagnósticas estructuradas, los cuestionarios de autorreporte, se abordan aspectos de la evaluación psicofisiológica y finalmente se mencionan aspectos relacionados con la comorbilidad entre el TEPT y otras patologías.

En general, los objetivos de la evaluación en la práctica clínica son el diagnóstico y la planeación del tratamiento; en ambos casos es recomendable tomar una aproximación multidimensional y multiaxial. Ciertamente, para fines terapéuticos, es necesaria una evaluación continua de los síntomas y de la efectividad del tratamiento. Cualquier método de evaluación compleja del TEPT debe contemplar si el evento traumático involucró amenaza de muerte o muerte, daño serio o amenaza a la integridad física y las respuestas subjetivas de miedo, desesperanza y horror (criterio *a*), así como la presencia y severidad de los diecisiete síntomas asociados (criterios *b-c* y *d*), según el sistema de clasificación diagnóstica del DSM-IV. En un futuro próximo la evaluación del TEPT se hará según la nueva versión del DSM-V.

El primer paso en la evaluación del TEPT es identificar la presencia de trauma en la historia del paciente. Resick, Monson y Rizvi (2008) sostienen que por lo general esto es difícil de lograr, debido a que muchos sobrevivientes de trauma, especialmente de violación y abuso sexual infantil, no reportan su historia, lo cual es consistente con patrones generales de evitación de estímulos que evocan el trauma y pueden reflejar culpa y vergüenza acerca del incidente.

Desde 1980 se ha dado un excelente progreso en el desarrollo de medidas de alta calidad para evaluar los síntomas del TEPT en adultos (Keane y Barlow, 2002). El proceso de evaluación puede incluir una amplia gama de aproximaciones diferentes, como entrevistas de diagnóstico semiestructuradas para el TEPT y comorbilidad relacionada, cuestionarios de autorreporte y medidas psicofisiológicas. El clínico puede también revisar los registros médicos y evaluar con varios informantes acerca de la conducta y la experiencia del paciente cuando se cuestionan la precisión y la certeza del autorreporte, lo cual ha constituido una aproximación a la evaluación multimodal del TEPT (Keane et ál., 1985). El clínico al considerar varios contextos, puede evaluar la calidad de las medidas empleadas en ambientes similares en el pasado; si la información no está disponible, puede utilizar una guía de propiedades psicométricas de cada uno de los instrumentos empleados (Keane et ál., 2007). A continuación se presenta una revisión de las entrevistas diagnósticas y las escalas de autorreporte disponibles para evaluar el TEPT.

3.1. Entrevistas diagnósticas estructuradas

En la investigación clínica una práctica estándar constituye el empleo de entrevistas estructuradas diagnósticas para garantizar que toda la sintomatología del TEPT se tenga en cuenta. Las entrevistas diagnósticas tienen la ventaja de definir con precisión la manera como se realizó el diagnóstico, a través de instrumentos con propiedades psicométricas conocidas de confiabilidad y validez; sin embargo, el empleo de entrevistas en contextos clínicos es menos común, debido a la dificultad que implica administrarlas en términos de costos, tiempos y entrenamientos. No obstante, Litz y Weathers (1994) reportan que incrementar el uso de entrevistas estructuradas de diagnóstico en contextos clínicos puede ayudar a mejorar el diagnóstico y la planeación del tratamiento.

Keane et ál. (2007) sostienen que la calidad de la evaluación psicológica está determinada por los estimativos de confiabilidad y validez. La confiabilidad es la consistencia de los puntajes de la prueba y se reporta como la consistencia de las pruebas en el tiempo (test-retest), o entre los evaluadores (confiabilidad entre observadores), o sobre los diferentes ítems que conforman la prueba (consistencia interna). Para medidas continuas, la confiabilidad se reporta como un simple coeficiente que varía entre 0,0 y 1,0 (para la consistencia interna esto hace referencia al alfa de Cronbach). Para medidas dicótomas como una entrevista diagnóstica (indica la presencia o ausencia del trastorno), la confiabilidad se reporta como kappa (Cohen, 1960), que también oscila entre 0,0 y 1,0 y se interpreta como un porcentaje de acuerdos por encima del azar.

3.1.1. *Escala clínica administrada para el trastorno de estrés postraumático (CAPS: Clinician-Administered PTSD Scale)*

Desarrollada por el Centro Nacional para el TEPT en Boston, la CAPS fué diseñada para ser utilizada por clínicos entrenados y experimentados (Blake et ál., 1990). Contiene treinta ítems y evalúa los diecisiete síntomas del TEPT según el criterio diagnóstico del DSM-IV, así como un rango de características asociadas al TEPT que se observan frecuentemente. Se ha convertido en la entrevista de evaluación dorada más ampliamente utilizada para diagnosticar y medir la severidad del TEPT. Resick, Monson y Rizvi (2008) reportan que adicionalmente a evaluar detalladamente las experiencias de trauma, también evalúa la severidad y la frecuencia de los síntomas, utilizando criterios específicos. La CAPS incluye además preguntas relacionadas con características asociadas al TEPT, como disociación, culpa del sobreviviente y deterioro en las áreas social y ocupacional.

Keane et ál. (2007) sostienen que la CAPS se ha utilizado exitosamente en una gama amplia de poblaciones expuestas a trauma (veteranos de combate, sobrevivientes a violación, accidentes automovilísticos, incesto, holocausto, tortura y cáncer), ha servido como diagnóstico primario en cientos de estudios empíricos del TEPT y se ha traducido a por lo menos doce idiomas (Weathers, Keane y Davison, 2002).

Las propiedades psicométricas de la CAPS fueron evaluadas utilizando una muestra de 123 veteranos de guerra, a sesenta de los cuales se les entrevistó dos veces (con un intervalo de dos a tres días) por dos entrevistadores distintos para calcular la confiabilidad test-retest.

Con respecto a la consistencia interna para los diecisiete ítems de la escala, el alfa de Cronbach fue de 0,94. Los alfa para cada uno de los grupos de síntomas oscilaban entre 0,85 y 0,87; la confiabilidad test-retest para los diecisiete ítems para cada uno de los tres pares de evaluadores oscilaban entre 0,90 y 0,98, y para los grupos de síntomas entre 0,77 y 0,96.

3.1.2. *Entrevista clínica estructurada para el DSM-IV (SCID-IV: The Structured Clinical Interview for DSM-IV)*

La SCID (First et ál., 2000) es la entrevista más utilizada para evaluar los trastornos psiquiátricos de los ejes I y II, y consta de módulos separados para las categorías diagnósticas más comunes. La presencia de síntomas es calificada en una escala de tres puntos, basada en la evaluación que hace el entrevistador de las respuestas individuales. Para evaluar el TEPT, los individuos deben calificar los síntomas en términos de la "peor experiencia traumática". El módulo del trastorno de estrés postraumático del SCID es sensible a nivel clínico y tiene una alta confiabilidad. Keane, Kaloupek y Kolb (1998) examinaron la confiabilidad del SCID y encontraron un kappa de 0,68 y acuerdos acerca de la presencia de TEPT durante el curso de la vida, en la actualidad y nunca haber presentado TEPT del 78%.

El SCID presenta algunas limitaciones, y a pesar de que evalúa todos los síntomas del TEPT y arroja información acerca de si el individuo presenta el criterio para el diagnóstico, no evalúa los parámetros de frecuencia e intensidad de los síntomas individuales. Cusack, Falsetti y de Arellano (2002) sostienen que al evaluar los síntomas del "peor evento" traumático se puede perder información valiosa acerca de los efectos de otros eventos traumáticos. Por su parte, Resnick, Kilpatrick y Lipovsky (1991) recomiendan ciertas modificaciones del SCID al utilizarse en víctimas de violación, incluyendo preguntas más sensibles acerca de la historia de la violación y otros eventos traumáticos mayores.

3.1.3. *Programa de entrevista de trastornos de ansiedad-revisada (ADIS-R: Anxiety Disorders Interview Schedule - Revised)*

El ADIS original fue diseñado por DiNardo et ál. (1983). Posteriormente fue revisado para el DSM-III (ADIS-R; DiNardo y Barlow, 1988), y nuevamente para el DSM IV (ADIS -IV: Versión Curso de Vida; DiNardo, Brown y Barlow, 1994). Es una entrevista estructurada que se centra primordialmente en los trastornos de ansiedad y los trastornos afectivos, utiliza una escala tipo Likert y se analiza de diferentes maneras para determinar si un síntoma está presente o ausente. La evaluación tanto a nivel dimensional como categórico permite al clínico describir las manifestaciones de cada trastorno y ofrece mayores posibilidades de análisis. El ADIS ha sido traducido a varios idiomas y se ha utilizado en más de 150 ambientes clínicos y de investigación alrededor del mundo. Se recomienda su aplicación con entrevistadores entrenados y con experiencia (Keane et ál., 2007).

Las propiedades psicométricas del módulo de TEPT del ADIS han arrojado resultados mixtos en dos estudios separados: en el primero, se evaluó un pequeño grupo de veteranos de guerra por dos entrevistadores independientes. Blanchard et ál. (1986) encontraron una excelente sensibilidad (1,0) y especificidad (0,91), y un acuerdo entre evaluadores del 0,3%. El segundo estudio con muestras de la comunidad encontró poco acuerdo entre dos evaluadores independientes, según el cual el TEPT era el diagnóstico primario o secundario (kappa = 0,55%) (DiNardo et ál., 1993).

3.1.4. *Entrevista trastorno de estrés postraumático (Postraumatic Stress Disorder)*

La entrevista TEPT (Watson et ál., 1991) arroja puntajes dicótomos y continuos. Los autores reportan una alta confiabilidad test-retest (0,95) y consistencia interna (alfa = 0,92), así como una fuerte sensibilidad (0,89) y especificidad (0,94). Como puede verse, la entrevista tiene excelentes propiedades psicométricas pero difiere en su formato de administración con respecto a la mayoría de entrevistas de diagnóstico clínico estructuradas. A los pacientes se les suministra una copia de la escala para ser leída junto con el entrevistador; luego se les pide que califiquen en una escala de Likert cada síntoma.

3.1.5. *Entrevista estructurada para el trastorno de estrés postraumático (SI-PTSD Structured Interview for PTSD)*

Fue desarrollada por Davidson, Smith y Kudler (1989), y está diseñada para diagnosticar y evaluar la severidad de síntomas de TEPT. Como el CAPS y la entrevista TEPT, arroja medidas dicótomas y continuas. Incluye diecisiete ítems basados en los criterios del DSM-IV del TEPT, así como dos ítems que evalúan la conducta de culpa del sobreviviente. Los síntomas se califican en una escala tipo Likert de cinco puntos y el interés del clínico se centra en la severidad de los síntomas. Puede ser administrada tanto por el clínico u otro profesional entrenado. Toma de diez a treinta minutos para su aplicación dependiendo del grado de sintomatología presente.

En una muestra de veteranos de guerra los autores reportaron una alta confiabilidad (0,97-0,99) en los puntajes totales de la entrevista y un perfecto acuerdo con respecto a la presencia o ausencia del TEPT. Igualmente, con respecto a la validez, encontraron que correlacionaba significativamente con otras medidas de TEPT (0,49-0,67).

3.1.6. *Escala de entrevista de síntomas de trastorno de estrés postraumático (PSS-I PTSD: Symptom Scale Interview)*

Desarrollada por Foa et ál. (1993), es una escala diseñada para evaluar síntomas del TEPT en individuos que presentan historia de trauma conocida. Consiste en los diecisiete criterios diagnósticos del DSM-III-R del TEPT y utiliza escalas tipo Likert para cada síntoma en cada uno de los criterios de definición del TEPT. Su ventaja radica en su aplicación de corta duración, sus propiedades psicométricas y el empleo de escala tipo Likert, que suministra puntajes de rutina dicótomos y continuos. Otra ventaja es que se puede utilizar conjuntamente con la medida de autorreporte PSS-SR y permite comparaciones, de manera que después de utilizar la entrevista PSS-I se puede administrar la medida de autorreporte PSS-SR de manera más regular (por ejemplo dos veces a la semana) para monitorear el cambio en los síntomas, sin necesidad de readministrar la entrevista frecuentemente. Una desventaja de esta escala de entrevista es que los síntomas se evalúan sólo durante el período de las últimas dos semanas y no de un mes, tiempo que se requiere según el criterio del DSM para diagnosticar el TEPT, de manera que es posible que algunos diagnósticos no sean correctos (Resick, Monson y Rizvi, 2008).

Foa et ál. (1993) reportaron una consistencia interna alta (alfa de Cronbach = 0,85 para la escala total, y de 0,65-0,71 para las subescalas). La escala demostró una adecuada utilidad diagnóstica cuando se comparó con el SCID-PTSD (sensibilidad de 0,88 y especificidad de 0,96). El acuerdo entre evaluadores para el diagnóstico de TEPT (kappa = 0,91, 95% acuerdo) y la confiabilidad test-retest después de un mes también fue alta (0,80).

3.1.7. *Escala de entrevista diagnóstica (DIS: The Diagnostic Interview Schedule)*

Desarrollada por Robins et ál. (1981), es altamente estructurada y tiene la ventaja de requerir de poco entrenamiento y experiencia para su administración, a diferencia de la CAPS y la SCID. Un problema potencial es que la sección de TEPT evalúa la exposición a trauma civil, incluyendo el asalto sexual, pero usa el término "violación" sin ninguna otra especificación, de manera que las modificaciones sugeridas por Resnick, Kilpatricky Lipovsky (1991) relacionadas con violación pueden ser apropiadas para este instrumento, así como cuando se evalúe traumas interpersonales. Kessler et ál. (1995) también han modificado la DIS para un mejor diagnóstico en estudios con muestras grandes de individuos.

3.2. Cuestionarios de autorreporte

Varios cuestionarios de autorreporte se han desarrollado con el objetivo de reducir costos y tiempos en la evaluación de la sintomatología del TEPT. Como en cualquier medida de autorreporte, existen limitaciones con respecto a su dependencia exclusiva para diagnosticar o medir la severidad de los síntomas; no obstante, pueden utilizarse conjuntamente con las entrevistas estructuradas. Al seleccionar un instrumento en particular, Keane y Barlow (2002) recomiendan que el clínico examine los datos que se tienen sobre la aplicación de ese instrumento en la población en que se va a utilizar, de manera que se maximicen la precisión y la eficacia de la prueba utilizada.

3.2.1. *Lista de chequeo trastorno de estrés postraumático (PCL PTSD Checklist)*

Desarrollada también por los investigadores del Centro Nacional para el TEPT en Boston (Weathers et ál., 1993), viene en dos versiones: una para civiles y la otra para personal militar. Contiene los diecisiete ítems del criterio diagnóstico del DSM, que se califican en una escala tipo Likert de cinco puntos. La PCL se ha utilizado tanto en ambientes de investigación y clínicos y toma entre cinco a diez minutos para administrarse.

Estos autores examinaron las propiedades psicométricas y encontraron una excelente consistencia interna (alfa = 0,97) y una excelente confiabilidad test-retest durante un período de dos a tres días (0,96).

3.2.2. *Escala diagnóstica de estrés postraumático (PDS: Posttraumatic Stress Diagnostic Scale)*

Desarrollada por Foa et ál. (1997), es una escala de 49 ítems diseñada para medir el criterio de TEPT del DSM-IV y la severidad de los síntomas. La PDS es una versión revisada de una escala de autorreporte previa basada en el DSM-III-R (APA, 1987), llamada la escala de síntomas del TEPT versión de autorreporte (PSS-SR, Foa et ál., 1993). La PDS revisa la exposición al trauma e identifica el trauma de mayor impacto emocional. Esta escala ha sido validada en varios países con combatientes, víctimas de accidente, asalto sexual y no sexual y un amplio rango de sobrevivientes de otros eventos traumáticos.

Las propiedades psicométricas del PDS se evaluaron en una muestra de 264 voluntarios reclutados de varios centros para el tratamiento del TEPT, al igual que con poblaciones de alto riesgo de trauma sin tratamiento. Encontraron una consistencia interna alta para el puntaje total de TEPT (alfa = 0,92) y las subescalas (alfa = 0,78-0,84), y una confiabilidad test-retest para el puntaje total y para los grupos de síntomas (0,77-0,85). Con respecto a la sensibilidad se obtuvo 0,89, en la especificidad se obtuvo 0,75 y altos niveles de acuerdo diagnóstico con el diagnóstico SCID (kappa = 0,65, 82%).

En una revisión reciente de las propiedades psicométricas del PDS, Griffin et ál. (2004) compararon los puntajes PDS con los puntajes obtenidos en la entrevista clínica CAPS. Encontraron una fuerte correlación entre las dos medidas en una población de mujeres víctimas de violencia doméstica. La PDS tuvo una excelente sensibilidad (0,94) y una especificidad aceptable (0,53), al compararla con la entrevista clínica CAPS. La escala se administra en un tiempo de diez a quince minutos.

3.2.3. *Escala de impacto del evento revisada (IES-R: Impact of Event Scale-Revised)*

Revisada por Weiss y Marmar (1997), fue desarrollada inicialmente por Horowitz, Wilner y Álvarez (1979). La IES-R fue la primera medida de autorreporte utilizada para evaluar las respuestas psicológicas ante los eventos traumáticos y, aún en la actualidad, es una de las más empleadas. La versión revisada incluye síntomas de hiperactivación del TEPT que no estaban incluidos en la escala original. Se indaga con una escala tipo Likert "qué tan molesto" estuvo el paciente durante la semana anterior con cada uno de los síntomas, desde cuando sucedió el evento traumático. La escala ha sido traducida a varios idiomas y se ha utilizado con diferentes poblaciones de trauma. Una ventaja es que tarda aproximadamente diez minutos en ser contestada.

Los datos sobre las propiedades psicométricas del IES-R son preliminares. En dos estudios con una muestra de trabajadores en situaciones de emergencia y sobrevivientes de terremotos, Weiss y Marmar (1977) reportaron una buena consistencia interna para cada una de las subescalas (alfa = 0,87-0,92 para síntomas intrusivos, 0,84-0,86 para síntomas de evitación y 0,79-0,90 para síntomas de activación). Los datos de la confiabilidad test-retest de los dos grupos tuvo un coeficiente confiable para las subescalas (intrusión = 0,57-0,94, evitación = 0,51-0,89, activación = 0,59-0,92). Los autores sugieren que el poco tiempo entre la evaluación y el evento traumático en uno de los grupos contribuyó a los altos coeficientes de estabilidad para esa muestra.

3.2.4. *Escala Mississippi para combate relacionado con TEPT*

Desarrollada por Keane, Caddell y Taylor (1988), es una escala de 35 ítems diseñada para medir el TEPT relacionado con combate. Los pacientes califican la severidad de sus síntomas en una escala tipo Likert, desde cuando ocurrió el evento. Arroja puntajes continuos de severidad de síntomas e información diagnóstica; está disponible en varios idiomas y el tiempo de administración es entre diez y quince minutos.

La escala Mississippi tiene excelentes propiedades psicométricas. Los autores reportan una alta consistencia interna (alfa = 0,94) y una confiabilidad test-retest (0,97) con una semana de intervalo de tiempo. En un estudio de validación posterior, los autores encontraron una sensibilidad sustancial (0,93) y especificidad (0,89).

3.2.5. *Escala* TEPT *del* MMPI-2 *de Keane* (PK) *(Keane* PTSD *Scale of the Minnesota Multiphasic Personality Inventory)*

Originalmente derivada del Inventario Multifacético de Minesota de la Personalidad (MMPI) forma R, la escala Keane PTSD consiste en 46 ítems derivados empíricamente del MMPI-2 (Keane, Malloy y Fairbank, 1984; Lyons y Keane, 1990). Los ítems se responden con una escala de falso y verdadero y arroja un puntaje total que refleja presencia o ausencia del TEPT. Ha sido utilizada exitosamente para discriminar veteranos de Vietnam con y sin TEPT (Weathers y Keane, 1999).

Las propiedades psicométricas de la escala son excelentes. Herman et ál. (1996) reportaron evidencia en una muestra de veteranos de una consistencia interna alta (alfas con rangos de 0,95 a 0,96) y coeficientes de confiabilidad test-retest entre dos y tres días de 0,95, con una sensibilidad de 0,82 y una especificidad de 0,76. Keane, Marshall y Taft (2006) reportan que la correlación de la escala TEPT con la escala Mississippi en una muestra grande de veteranos de guerra de Vietnam fue de 0,83, lo cual demuestra una fuerte validez de constructo.

3.2.6. *Lista de chequeo* TEPT (PCL *The* PTSD *Checklist)*

Desarrollada por el Centro Nacional de TEPT (Weathers et ál., 1993), es una medida de autorreporte de diecisiete ítems que miden síntomas de TEPT basados en el criterio diagnóstico del DSM-IV. Los pacientes responden en una escala tipo Likert "cuánto lo ha afectado cada problema" durante el mes pasado. Existe la versión (PCL-C) para civiles, y la versión (PCL-M) para militares. Esta escala se ha utilizado ampliamente tanto en ambientes clínicos como de investigación, y tarda de cinco a diez minutos para administrarse (Keane et ál., 2007).

Keen et ál. (2004) examinaron las propiedades psicométricas de la PCL en veteranos con y sin traumas de combate y encontraron evidencia de una consistencia interna alta (alfa = 0,96 para el total de los diecisiete síntomas; 0,94 para los síntomas del grupo B y 0,91 para el grupo C). La confiabilidad test-retest no fue examinada, pero Weathers et ál. (1993), en su estudio original, encontraron una confiabilidad de 0,96 en un período de tiempo de 2 a 3. La validez convergente fue demostrada por correlaciones altas entre la PCL y otras medidas de severidad de síntomas del TEPT. La PCL tuvo una alta correlación con la severidad de síntomas del TEPT de la prueba CAPS (alfa = Kubany 0,79) y con la escala Mississippi (alfa = 0,90).

3.2.7. *Cuestionario de eventos de angustia (DEQ The Distressing Event Questionnaire)*

Desarrollado por Kubany et ál. (2000), arroja información continua y dicótoma. No evalúa la presencia de un evento traumático, pero tiene tres ítems que evalúan la presencia de miedo intenso, desesperanza y horror durante el evento y diecisiete ítems que miden los síntomas diagnósticos del TEPT según el DSM-IV. Ítems adicionales miden la cronicidad y el deterioro en el funcionamiento, al igual que características de culpa e ira. El DEQ toma entre cinco y diez minutos para su aplicación.

Kubany et ál. (2000) realizaron una serie de estudios para evaluar las propiedades psicométricas del DEQ y los resultados son excelentes. Las muestras incluyeron hombres veteranos de guerra de Vietnam y mujeres con historias de trauma mixto (que incluye incesto, violación, abuso doméstico, prostitución y abuso sexual). En el estudio inicial encontraron una consistencia interna alta (alfa = 0,93 para el puntaje total y 0,88-0,98 a través de los grupos de síntomas). En el segundo estudio, reportaron una confiabilidad test-retest de 0,83-0,94 durante un lapso de diez días. Una fortaleza de esta escala es su habilidad para clasificar el TEPT correctamente dentro de un porcentaje alto de hombres y mujeres, a pesar de las diferencias con respecto a la exposición del trauma y la etnicidad (Keane et ál., 2007).

3.2.8. *Inventario Penn para estrés postraumático*

Es un cuestionario de veintiséis preguntas desarrollado por Hammerberg (1992). El inventario de Penn evalúa los síntomas del TEPT según el DSM-IV. Se puede emplear en pacientes con múltiples experiencias traumáticas porque los síntomas no son específicos de un evento traumático en particular. El formato de respuesta es similar al inventario de depresión de Beck (BDI), cuyos enunciados tienen una serie de cuatro opciones que mejor describen el grado, la frecuencia o la intensidad de los sentimientos durante la semana pasada. Los puntajes se califican de cero a tres. El inventario Penn no evalúa todos los síntomas de TEPT (17), e incluye elementos que no están directamente relacionados con los criterios de DSM (por ejemplo, autoconocimiento). Arroja puntajes totales continuos que van de 0 a 78 según la severidad del TEPT.

Sus propiedades psicométricas han sido examinadas en poblaciones con trauma múltiple y su especificidad es comparable con la de la escala Mississippi. Se ha utilizado con víctimas de accidente, veteranos de guerra y pacientes psiquiátricos en general.

Hammerberg (1992) inicialmente evaluó la confiabilidad y la validez en una serie de estudios con veteranos de Vietnam y encontró una consistencia interna alta (alfa = 0,94) y una confiabilidad test-retest de 0,96. La sensibilidad estuvo por encima de 0,90 y la especificidad osciló entre 1,0 y 0,61. El coeficiente de correlación de Person entre el Penn y el inventario de depresión de Beck osciló entre 0,74 y 0,84.

3.2.9. *Cuestionario para rastreo de estrés postraumático*

Desarrollado por Pineda et ál. (2002). Se construyó y evaluó un cuestionario para rastrear el TEPT en una población colombiana del departamento de Santander, que había sido parcialmente destruida por un ataque guerrillero. Se desarrolló una escala breve basada en los síntomas del DSM-IV con 24 síntomas correspondientes al diagnóstico de TEPT, para responder mediante autoinforme. Se usó una escala discreta de 1 (totalmente en desacuerdo) a 4 (totalmente de acuerdo). La puntuación total se obtuvo mediante suma aritmética. Lo mínimo esperado fue 24 y lo máximo 96.

Con respecto a las propiedades psicométricas del cuestionario, se encontró que la consistencia interna de la escala de 24 ítems mostró un cociente alfa de Cronbach, mediante cálculo del promedio de correlaciones intraclases de 0,97, para un intervalo de confiabilidad del 95%, entre 0,96 y 0,97. La sensibilidad estuvo entre el 76,3% con un punto de corte de 51 y el 81,6% con un punto de corte de 45; la especificidad estuvo entre el 71,4% con un punto de corte de 45 y el 84,4% con un punto de corte de 51. Este hallazgo sugiere que la lista de síntomas para el diagnóstico TEPT es una escala con una alta confiabilidad, buena discriminación y buena sensibilidad y especificidad, lo que indica que permite su uso fiable tanto en la clínica como en los estudios demográficos.

3.3. Evaluación psicofisiológica

Esta evaluación ofrece información adicional importante en el proceso de diagnóstico. El TEPT, al tener una serie de reacciones fisiológicas en su criterio diagnóstico, permite realizar medidas en este nivel que arrojen datos objetivos sobre la presencia de síntomas de reexperimentación. Keane et ál. (2007) reportan que las medidas fisiológicas del TEPT incluyen índices de activación autónoma (tasa cardíaca, presión sanguínea y respuestas electrodérmicas), así como expresiones observables de afecto negativo, medibles a través de registros de actividad muscular facial. Una de las desventajas de esta aproximación es que requiere de habilidades técnicas y de equipos sofisticados para su utilización. Otra desventaja es que con frecuencia se encuentra una asociación imperfecta entre la reactividad fisiológica y la experiencia subjetiva de malestar psicológico.

La mayor investigación de reactividad fisiológica fue realizada por Keane, Kaloupek y Kolb (1998). El estudio incluyó 1300 veteranos y utilizó cuatro medidas psicofisiológicas, que clasificaron correctamente a dos terceras partes de la muestra con TEPT. Esto indica que mientras que la reactividad psicofisiológica puede ayudar a diferenciar entre grupos de individuos con y sin TEPT, no debe utilizarse como una medida exclusiva de evaluación diagnóstica, debido a que varios factores pueden afectar esta reactividad. Por ejemplo, la presencia de drogas psicotrópicas (benzodiacepinas y bloqueadores beta-adrenérgicos) puede afectar la respuesta del individuo. Igualmente se debe considerar que no todos los individuos responden a nivel fisiológico y pueden presentar una respuesta alternativa a la activación (Resick, Monson y Rizvi, 2008).

3.4. Estrés postraumático y comorbilidad

Varios estudios han demostrado la comorbilidad de pacientes diagnosticados con TEPT. Brown et ál. (2001) evaluaron la comorbilidad de los trastornos de ansiedad y los trastornos afectivos unipolares del DSM-IV en 1126 pacientes ambulatorios de la comunidad, y encontraron que de todos los trastornos evaluados el TEPT mostró el patrón de comorbilidad más severo y diverso. De los individuos con TEPT, el 92% reunió otro criterio de los trastornos del eje I, el de mayor frecuencia fue el trastorno de depresión mayor (77%), el de ansiedad generalizada (38%) y el de abuso/dependencia de alcohol (31%).

Otros estudios han enfatizado en la importancia de la comorbilidad entre el consumo de alcohol y el abuso de sustancias y la problemática del TEPT. Se encontró, por ejemplo, que del 60% al 80% de los excombatientes de Vietnam presentaban estos dos problemas. El estudio más extenso, realizado con 5338 veteranos, demostró que el 44% manifiesta dependencia al alcohol y a las drogas. Kessler et ál. (1995) encontraron que para los sujetos civiles los problemas de alcoholismo y drogadicción se presentan como riesgo posterior a la experiencia del TEPT, mientras que en la población militar se manifiestan como problemas comórbidos. Por su parte, Resick, Monson y Gutner (2007) reportan una fuerte comorbilidad entre el TEPT y el abuso de sustancias en muestras epidemiológicas y de intervención.

Igualmente, se presenta comorbilidad entre el TEPT por combate y sintomatologías de depresión y suicidio. Algunas investigaciones como la de Fontana (1995), han encontrado indicios de comportamientos suicidas en personas que han prestado el servicio militar, asociados a factores como exponerse a situaciones de combate. Entre estos factores, se resalta el hecho de que la persona durante la niñez o la adolescencia experimentó abuso físico o psicológico, comportamiento antisocial, familia inestable, escaso soporte social, consumo de drogas y alcohol. Además, con respecto a la exposición traumática, se destacan el tiempo de exposición al combate, la participación en atrocidades y la acción disciplinaria como restricciones, pérdida del salario, recompensas o ganancias, entre otras.

Resick, Monson y Rizvi (2008) sostienen que dada la evidencia empírica que relaciona el TEPT con el alto riesgo de suicidio, la ideación y las conductas suicidas deben ser objeto de evaluación y monitoreo constante. Igualmente, hay evidencia que sugiere que individuos con TEPT corren el riesgo de presentar conductas agresivas. Como se sabe, las explosiones de ira constituyen un síntoma de TEPT en el DSM-IV, por lo cual es importante evaluar la historia de agresividad y violencia en estos individuos.

Kulka et ál. (1990) encontraron que el 50% de los veteranos con TEPT tenían un diagnóstico adicional del eje I. Bolling et ál. (2000) evaluaron la comorbilidad del TEPT con los trastornos de personalidad y encontraron que el 79% de una muestra de 107 veteranos de guerra hospitalizados, reunía el criterio de un trastorno del eje II.

La comorbilidad del TEPT presenta múltiples problemas tanto para clínicos como para investigadores. A nivel clínico, los individuos con comorbilidad de trastornos de los ejes I o II, presentan los síntomas del TEPT más severos (Back et ál., 2003), y responden peor al tratamiento (Cloitre y Koenen, 2001). La comorbilidad a nivel de investigación constituye una variable molesta que requiere de esfuerzos metodológicos y estadísticos para controlarla (Keane y Kaloupek, 2002).

Finalmente, con respecto al proceso de evaluación del TEPT, los clínicos resaltan la importancia de considerar las diferentes poblaciones en las que los instrumentos fueron validados al seleccionar la medida. Keane et ál. (2007) sostienen que en la actualidad la evaluación psicológica del TEPT se ha desarrollado principalmente en culturas occidentales y en países industrializados, por lo cual la ésta puede verse limitada por la ausencia de medidas culturalmente sensibles y por la diversidad cultural de los grupos de interés.

IV. Formulación cognitivo-conductual del trastorno de estrés postraumático

Este capítulo describe los aspectos centrales que deben considerarse al hacer una formulación clínica del trastorno de estrés postraumático (TEPT). Se abordan aspectos del trabajo clínico como el motivo de consulta, los factores de desarrollo, la predisposición, la adquisición y los precipitantes del TEPT, así como los factores de mantenimiento y de protección. Finalmente, se establecen los objetivos y metas de la intervención y se describen los factores de riesgo para el desarrollo del TEPT.

La formulación cognitivo-conductual es un método para aplicar terapias y teorías soportadas empíricamente a la práctica clínica. Ésta se ajusta a las necesidades únicas del paciente, guía la toma de decisiones del terapeuta y se basa en la evidencia. Meyer y Turkat (1979) proponen una formulación analítica conductual para la conceptualización de los casos clínicos. Sugieren que el proceso de análisis conductual y la terapia deben seguir un lineamiento de tres fases: primero, la entrevista y el motivo de consulta permiten desarrollar una formulación de las quejas actuales; en segundo lugar, una experimentación clínica que pretende validar la formulación y, finalmente, se desarrolla una metodología que surge de la formulación y es implementada y monitoreada para probar su efectividad. Según estos autores, la meta de la primera fase de entrevista es desarrollar una formulación, que se define como un conjunto de hipótesis que trata de relacionar entre sí los motivos de consulta, explicar las razones por las cuales se desarrollaron estas dificultades y ofrecer predicciones del comportamiento del paciente bajo condiciones de estímulos. De acuerdo con Meyer y Turkat una formulación analítica conductual debe explicar todos los datos relevantes del paciente, el motivo de consulta, la historia y la evolución de cada problema, los factores de adquisición, de predisposición, los precipitantes y los factores de mantenimiento de cada dificultad.

La formulación clínica es una guía que tiene el terapeuta para desarrollar la mejor estrategia de intervención; es decir, aquella con la mejor razón costo-beneficio en un paciente en particular. Castro y Ángel (1997) sostienen que además permite identificar y ordenar los múltiples determinantes del comportamiento con las interacciones entre los procesos psicológicos básicos que dan como resultado la aparición de trastornos psicológicos. Estos autores proponen que el comportamiento está estructurado según la acción de diversos procesos interdependientes que están organizados jerárquicamente en distintos niveles. En el nivel superior, se plantea la existencia de tres procesos básicos (biológico, aprendizaje/cognición y motivacional) no reductibles, que conforman la red de causación múltiple del comportamiento. Estos procesos conforman a su vez procesos derivados en los que también se describen relaciones estables, como son los procesos emocionales y afectivos. Según estos autores, los procesos interactúan y producen covariaciones conductuales, que se han descrito teniendo en cuenta modelos diagnósticos de clasificación.

El planteamiento que se presenta a continuación de la formulación clínica del TEPT está enmarcado dentro de un modelo cognitivo-conductual. Otro modelo de formulación puede encontrarse en Zayfert (2008), el cual se enmarca dentro de una aproximación cognoscitiva.

4.1. Elementos de la formulación clínica

La formulación se entiende como un proceso que reúne varios elementos del trabajo clínico, por ejemplo, el desarrollo de una metodología sistemática que permite formular hipótesis verificables entre acontecimientos observables. La formulación de hipótesis se basa en la evaluación realizada y se sustenta en un cuerpo de conocimiento adquirido, a través de la investigación empírica básica o aplicada, y está guiado por un modelo teórico que permite relacionar los datos obtenidos en distintos niveles de molecularidad/molaridad, en términos de su dimensión temporal (causas proximales y distantes), como en la organización estructural del comportamiento (Castro y Ángel, 1997).

El proceso de formulación comienza con el motivo de consulta, que se inicia con el establecimiento de la relación terapéutica, vital en todo proceso clínico, el cual cobra mayor importancia dada la naturaleza del TEPT. El clínico establece la fase de evaluación en la que se corroboran hipótesis sobre factores de predisposición, adquisición, historia de aprendizaje, manifestaciones del TEPT, factores de mantenimiento y comorbilidad con otros problemas, llegando finalmente a la definición de objetivos y metas terapéuticas. A medida que el tratamiento avanza, el terapeuta utiliza la formulación para guiar la toma de decisiones y trabaja de la mano con el paciente, para recolectar la información y monitorear el progreso de la terapia y hacer los ajustes necesarios.

4.1.1. *Motivo de consulta*

Incluye las razones que motivaron al paciente a buscar ayuda terapéutica, así como un listado de problemas. Se debe evaluar el tipo de evento traumático experimentado por el paciente, o si éste ha sido expuesto a traumas múltiples, puesto que se trata de identificar los síntomas y las dificultades que está generando en el paciente. Los problemas se deben describir de manera específica, en términos de los sistemas de respuesta fisiológico o autónomo, mental o cognitivo y motor o conductual, según el modelo tripartito propuesto por Lang (1979), de manera que se identifiquen los síntomas presentes en cada sistema. Si el paciente presenta más de un problema, se trata de identificar la manera como se relacionan entre sí cada uno de ellos. Adicionalmente, se debe evaluar cómo y de qué manera el trauma afecta las áreas del paciente. Finalmente, es necesario considerar los recursos y redes con los que cuenta el paciente, los cuales serán de gran utilidad para la recuperación del TEPT.

4.1.2. *Factores de desarrollo*

Comprenden la interacción de secuencias de cambios en el sistema biológico y de maduración de diversos sistemas de órganos, como el sistema nervioso, el endocrino, etcétera, que están genéticamente determinados y las experiencias de aprendizaje y otras formas de interacción del individuo con su medio ambiente, lo que da lugar a los diversos hitos y transiciones del desarrollo, que determinan gran parte de la conducta individual (Kagan, 1980).

Taylor (2006) sostiene que la experiencia y las reacciones a los eventos traumáticos dependen del nivel de desarrollo cognoscitivo del individuo. Si el niño es muy pequeño para comprender el evento traumático, es probable que no experimente el hecho como algo traumático y no desarrolle el TEPT; sin embargo, el TEPT puede emerger posteriormente si el niño reconoce lo que sucedió (Foa, Steketee y Rothbaum, 1989). El nivel de desarrollo es importante y puede influir en la fenomenología clínica del TEPT en niños, al igual que en la escogencia del tratamiento más apropiado para ese paciente en particular. Drake, Bush y Van Gorp (2001) reportan que factores de desarrollo y psicosociales como edad, funcionamiento cognoscitivo, capacidad para identificar y nombrar emociones, habilidades de expresión verbal, competencias sociales y apoyo familiar pueden influir en el diagnóstico y las manifestaciones del TEPT.

Los factores de desarrollo únicos en población geriátrica también pueden incidir sobre la susceptibilidad del TEPT. Éstos incluyen un sentido de desesperanza generada por enfermedades (propias de la edad) y capacidad limitada de funcionamiento y aislamiento social. La muerte de un ser querido puede generar recuerdos intrusivos de pérdidas traumáticas y precipitar una recaída de los síntomas del TEPT que estuvieron en remisión durante décadas. La jubilación puede incrementar la vulnerabilidad a la exacerbación o recaída del TEPT. Adicionalmente, los factores de desarrollo pueden influir tanto la escogencia como la dosificación de cualquier medicación seleccionada (Foa, Keane y Friedman, 2000).

4.1.3. *Factores de predisposición*

Se refieren a variables que hacen que unos individuos bajo ciertas circunstancias desarrollen un problema particular, mientras que otros, en circunstancias similares, no lo hacen. Estos factores corresponden a variables que tienen por sí solas un peso causal relativamente bajo, pero que cuando entran en combinación con otros factores, potencian los efectos de manera que aumentan la probabilidad de que se presente un problema particular (Castro y Ángel, 1997).

4.1.3.1. Biológicos/genéticos

Incluyen contribuciones genéticas no específicas para desarrollar ansiedad y afecto negativo como respuesta ante estresores específicos. Watson y Clark

(1984) definen la "afectividad negativa" como la tendencia a experimentar una serie de emociones negativas a través de varias situaciones, a pesar de no existir estresores objetivos y al grado y reactividad emocional con que los individuos se condicionan ante eventos aversivos.

El modelo de diátesis-estrés propone que se heredan ciertas tendencias o predisposiciones entendidas como características de temperamento que son susceptibles de activarse bajo ciertas condiciones de estrés. Es decir, que ante ciertas condiciones ambientales se pueden desarrollar ciertas conductas.

Pieschacón (2002) reporta que en los trastornos de ansiedad, algunos individuos requieren uno o más ensayos de asociaciones de tipo pavloviano (estímulo condicionado-estímulo incondicionado), para adquirir la respuesta de temor. Esta variabilidad depende en parte de los factores de predisposición biológicos de cada individuo: así por ejemplo, algunas personas desarrollarán el TEPT ante el evento traumático, mientras otras, ante esa misma situación, no lo harán. La mayor parte de la investigación en vulnerabilidad biológica se ha centrado en aspectos del temperamento como "neuroticismo", "afecto negativo" o "inhibición conductual", los cuales desempeñan un papel central en el desarrollo de los trastornos emocionales como el TEPT.

Existe un número de factores neurobiológicos que se cree son críticos en la respuesta de estrés de los individuos y en la psicofisiología del TEPT. Éstos incluyen el ácido glutámico, el ácido gama-aminobutírico (GABA), la norepinefrina (NE), el neuropéptido Y (NPY), la serotonina (5-hidroxitriptamina, o 5-HT), el factor liberador de la corticotropina (CRF) y la reactividad psicofisiológica (Southwick et ál., 2007). La presente revisión no pretende abarcar la enorme complejidad de respuestas neurobiológicas al peligro y la cantidad de alteraciones conocidas en el TEPT; para una revisión más extensa revisar Boscarino (2004) y Friedman et ál. (2005).

La sensibilidad a la ansiedad es un buen ejemplo de las interacciones neurobiológicas complejas que se dan al tratar de entender el TEPT. Ésta hace referencia a un incremento inducido del estresor en las respuestas conductuales, fisiológicas y bioquímicas ante estresores subsiguientes de igual o menor magnitud (Sorg y Kalivas, 1995). Se ha sugerido que la sensibilidad al estrés puede ser adaptativa y permite al organismo responder rápidamente a estresores futuros. Por el contrario, el sistema neurobiológico de la sensibilidad al estrés puede volverse maladaptativo si el organismo empieza a sobrerreaccionar a estresores menores. La consecuencia puede ser una incapacidad para regular la activación, lo cual va a terminar en una hipervigilancia, una respuesta exagerada de sobresalto y una tendencia a responder biológicamente como si el peligro existiera, aun cuando no existe un peligro real (Southwick et ál., 2007).

Como puede verse, la sensibilidad a la ansiedad y su sintomatología genera consecuencias dañinas físicas, sociales y psicológicas que van más allá de cualquier malestar físico inmediato durante un episodio de ansiedad o pánico (Reiss, 1980). Esta sensibilidad puede ser un factor de predisposición para el TEPT y otros trastornos como el pánico, debido a que genera una reactividad de miedo ante sensaciones corporales o interoceptivas.

4.1.3.2. Psicológicos

Hacen referencia a la historia de aprendizaje y experiencias previas del individuo. Allen, McHugh y Barlow (2008) sostienen que experiencias tempranas de crianza, especialmente de eventos negativos, en las que no hay control ni predicción, ni existen mecanismos de afrontamiento, contribuyen a una vulnerabilidad psicológica generalizada que facilita experimentar ansiedad y afecto negativo. Las experiencias tempranas negativas sirven de base para desarrollar esquemas cognoscitivos de incompetencia personal y del mundo como un lugar incontrolable y peligroso, esquemas centrales para el desarrollo del TEPT. Sin embargo, el objetivo del presente capítulo no es ahondar en el desarrollo de esquemas cognoscitivos; para una revisión más exhaustiva ver Young et ál. (2008).

Según la teoría de estructuras de representación múltiple (Dalgleish, 2004), uno de los puntos centrales de la teoría de esquemas ha sido la noción de que los efectos psicológicos del trauma son el resultado de la violación extrema de esquemas preexistentes acerca del mundo y del individuo. Sin embargo, esta hipótesis ha tenido dificultad para explicar la evidencia empírica que indica que un trauma anterior constituye un factor de riesgo para desarrollar el TEPT al exponer al sujeto a otro trauma posterior. Por el contrario, la teoría del procesamiento emocional aborda satisfactoriamente la forma como traumas posteriores pueden fortalecer y elaborar estructuras de temor existentes, de manera que se incremente la probabilidad de desarrollar el TEPT.

Castro y Ángel (1997) sostienen que las experiencias de aprendizaje no se limitan solamente a la adquisición de unidades de repuestas emocionales, motoras o verbales, sino que incluyen el desarrollo de patrones de respuesta y de formas particulares de procesamiento de información. De esta manera, estas experiencias incluyen aquellas que contribuyen a la formación o fortalecimiento de creencias disfuncionales del individuo y aquellas que definen la escogencia de estrategias de afrontamiento, las cuales pueden incluir eventos traumáticos, así como experiencias previas y posteriores al trauma (Taylor, 2006).

4.1.3.2.1. *Procesamiento del trauma.* Como se dijo anteriormente, la manera como se interpreta la situación traumática es producto de varios elementos como la naturaleza del estímulo, las atribuciones causales, el contexto social y los factores de predisposición preexistentes. Pieschacón (2002, 2006) sostiene, basándose en la teoría de la desesperanza aprendida de Abramson, Seligman y Teasdale (1978), que las víctimas de secuestro que tienen atribuciones internas, estables y globales (por ejemplo, "soy el tipo de personas que se meten en problemas") tienen mayores reacciones de TEPT, que aquellas que hacen atribuciones externas, inestables y específicas (por ejemplo, "fue una redada y no pude hacer nada para evitarla"). Es decir, la manera como la víctima percibe y procesa la información del evento traumático, así como las expectativas que tiene en términos de predicción y control y los esquemas y supuestos cognoscitivos (por ejemplo, el mundo como un lugar peligroso, el ser humano como alguien vulnerable, etcétera) del individuo antes del trauma, son determinantes en la aparición del TEPT.

4.1.4. *Factores de adquisición*

El TEPT es el único trastorno cuya etiología está claramente definida por la presencia del evento traumático. Los factores de adquisición son aquellos que anteceden a la aparición del problema; en algunos casos son claramente identificables como en el caso del TEPT, en el que la adquisición se da a través de un proceso de aprendizaje pavloviano, según el cual se asocia el evento traumático con una respuesta emocional condicionada, o a través de modelamiento o aprendizaje observacional como en el caso del trauma vicario.

Los factores de adquisición del TEPT se clasifican en experiencias directas (violación, atraco, secuestro, tortura, etcétera), en experiencias observacionales (ser testigo de daño físico o muerte de otra persona, manipular cuerpos o partes de cuerpos como resultado de accidentes aéreos, etcétera) y en aprendizaje de situaciones traumáticas experimentadas por otras personas (que un ser querido haya sido herido o atracado).

Existe controversia con respecto a los aspectos que se cualifican como estresores traumáticos: por ejemplo, Ruscio, Ruscio y Keane (2002) sostienen que la investigación indica que el TEPT se mueve en un continuo con relación a la severidad del evento, en lugar de pertenecer a una entidad categórica (presente o ausente); asimismo, algunos estudios muestran que estresores no traumáticos pueden generar síntomas de TEPT (Horowitz, 2001).

4.1.5. *Factores precipitantes*

Los factores precipitantes del TEPT son por lo general los mismos eventos traumáticos, sin embargo, existen otros factores precipitantes. Taylor (2006) sostiene que los precipitantes para síntomas específicos del TEPT como la disociación, pueden provenir de estresores particulares o ser señales del trauma. Puede existir una cascada de factores precipitantes en el desarrollo del TEPT: por ejemplo, la exposición al combate, que interactúa con los factores de predisposición, puede precipitar el TEPT, así como reacciones de irritabilidad e ira, las cuales, a su vez, pueden generar la pérdida del empleo y la disolución de la pareja, lo que también puede precipitar un episodio depresivo.

4.1.6. *Factores de mantenimiento*

Son aquellos factores que se perpetúan y sirven para mantener la conducta problema. En el TEPT estos elementos incluyen: estrategias maladaptativas de afrontamiento, por ejemplo respuestas de escape y evitación conductual ante las señales del trauma, que cumplen la función de mantener el temor relacionado con el evento traumático. Igualmente la respuesta de disociación y los factores cognoscitivos, así como las rumiaciones sobre el evento y la evitación de pensamientos relacionados con el trauma, pueden también mantener la problemática.

La reexperimentación de síntomas, incluyendo la presencia de *flashbacks*, constituye uno de los elementos más aversivos a nivel emocional y constituye un factor de mantenimiento de la sintomatología del TEPT. Emociones secundarias al TEPT como ira, vergüenza y culpa, tienen un peso significativo en el mantenimiento de esta problemática. Otros factores como las ganancias secundarias que obtiene el paciente de su entorno y las pérdidas de contingencias de reforzamiento (pérdidas de apoyo emocional y pérdidas de beneficios económicos por incapacidad en el personal militar), constituyen elementos centrales de mantenimiento del TEPT. Aquí es importante considerar el proceso motivacional que hace referencia a la relación que existe entre el comportamiento del paciente con TEPT y sus consecuencias, que junto con las alternativas conductuales disponibles le permiten al individuo predecir y ejercer control sobre su comportamiento y su ambiente, según el modelo de formulación propuesto por Castro y Ángel (1997).

Taylor (2006) sostiene que algunos contextos sirven para perpetuar o exacerbar los síntomas de reexperimentación del TEPT. Lugares concurridos y ruidosos pueden ser molestos para algunos pacientes; permanecer en ambientes hostiles, donde hay crítica permanente, puede asimismo desempeñar un papel en el mantenimiento del problema.

4.1.7. *Factores de protección*

Durante la fase de evaluación inicial es importante determinar si el paciente con TEPT está seguro en su ambiente, o puede ser nuevamente víctima de un evento traumático. Es común en esos pacientes que sobregeneralicen las ideas acerca del peligro y que asuman que la mayoría de situaciones son peligrosas a pesar de tener evidencia contraria. Williams y Poijula (2002) describen cuatro aspectos de seguridad que deben considerarse en el TEPT: *física*, según la cual se evalúa si el paciente está en riesgo y, de ser así, tomar las acciones pertinentes; *mental*, con la que el paciente asume un sistema de creencias y patrones de pensamiento que le permitan superar el trauma; *emocional*, con la que el paciente identifique sus emociones y actúe sobre ellas; y *espiritual*, según la cual el paciente identifica y confía en creencias acerca de un ser superior. Al respecto, Pieschacón (2002) sostiene que el nivel espiritual desempeña un papel fundamental en la superación de eventos traumáticos como secuestro, desastres naturales, accidentes, muerte, etcétera.

Los factores de protección contribuyen a que los síntomas no se presenten de nuevo o a que empeoren. El apoyo social aminora la severidad del TEPT y previene que el paciente se aísle y se estigmatice por presentar una condición psiquiátrica. Igualmente, le permite satisfacer necesidades de tipo emocional y afectivo con personas significativas, y le facilita exponerse a información correctiva de sus esquemas cognoscitivos (por ejemplo en caso de secuestro, pensar que la ciudad es un lugar peligroso).

Taylor (2006) reporta que un entrenamiento previo al trauma en el manejo de desastres puede proteger al personal de emergencia del TEPT. En algunas ocasiones, el cuadro surge por la pérdida de factores de protección (cuando un excombatiente es transferido lejos de su red de apoyo social y familiar).

4.2. Establecimiento de objetivos y metas terapéuticas

El plan de tratamiento surge de la evaluación y formulación de cada caso en particular. La meta del tratamiento del TEPT se divide en objetivos claros y específicos, con los que se abordan los síntomas de reexperimentación, evitación y activación fisiológica, a través de técnicas específicas de regulación emocional, técnicas cognoscitivas, terapia de exposición y manejo de emociones secundarias y problemas de comorbilidad asociados. En algunos casos de TEPT se requiere de intervención a nivel familiar y marital (abuso sexual infantil, duelo, secuestro, violación, etcétera) y, en otros, de ayuda farmacológica.

La formulación clínica debe suministrar información del nivel de tolerancia emocional que el paciente presenta ante la reexperimentación del evento traumático, el cual es relevante para la selección y la planeación de la terapia de exposición. Si la formulación indica que emociones secundarias como ira, culpa o vergüenza deempeñan un papel en la problemática, éstas deben abordarse dentro de la intervención, así como otros problemas asociados al TEPT, como abuso de sustancias, depresión, trastorno de pánico, etcétera.

La información obtenida de la evaluación y la formulación se utiliza para anticipar problemas que resultan durante la fase de intervención. Pacientes con TEPT pueden ser complejos debido a la ambivalencia que tienen acerca de la terapia: por una parte, quieren ayuda pero temen confrontar sus recuerdos y tienen dificultades para confiar en otros; por otra, pueden tener emociones como vergüenza y culpa por el evento traumático que interfiere con su deseo de compartir esa información por el temor al rechazo. Se debe considerar esta dificultad del paciente, así como la evitación de recuerdos del trauma que también puede darse dentro del contexto de la terapia (Resick, Monzon y Rizvi, 2008) y estar atentos ante la posibilidad de recaídas que el paciente pueda tener, como aniversarios y fechas relevantes.

A través del curso de tratamiento el terapeuta debe estar atento y evaluar la evidencia a favor y en contra de la formulación planteada. Si ésta requiere cambios, entonces el plan de tratamiento debe cambiarse acorde con los nuevos planteamientos. Si durante la intervención surgen problemas, éstos se deben formular y plantear los correctivos necesarios, de manera que el tratamiento derivado de la formulación constituya un proceso correctivo (Taylor, 2006).

4.3. Factores de riesgo para el desarrollo del trastorno de estrés postraumático

Teniendo en cuenta que la mayoría de los individuos expuestos a situaciones traumáticas son resilientes o se recuperan con el tiempo, es importante considerar cuáles individuos presentan un mayor riesgo de presentar TEPT. Litz y Maguen (2007) sostienen que hay tres categorías de variables de riesgo que aumentan la probabilidad de desarrollar TEPT crónico: 1) variables del impacto del trauma; 2) variables de la historia personal; y 3) variables del ambiente y la cultura. Las variables del impacto del trauma incluyen la severidad de la amenaza, el daño físico, la reacción inmediata al trauma, el ser testigo de la muerte de otra persona y la pérdida de personas significativas. Brewin, Andrews y Valentine (2000) encontraron que la severidad del trauma es uno de los predictores más fuertes del TEPT. En la fase posterior al trauma, los individuos están en riesgo de perder recursos que pueden permitirles recuperarse o reducir la carga emocional que tienen. En un estudio epidemiológico posterior al 11 de septiembre del 2001, Galea, Ahern y Resnick (2002) encontraron que las personas que perdieron posesiones tenían mayor riesgo de presentar TEPT, mientras aquellas que perdieron seres queridos o empleos tenían mayor riesgo de presentar depresión. Por su parte Norris et ál.

(2000) concluyeron que los efectos psicológicos más severos a largo plazo de una situación traumática, son los desastres causados por el hombre que implican pérdida extrema de la propiedad, problemas financieros serios y permanentes para la comunidad, amenaza a la vida y la muerte. Smyth (1999) sostiene que un factor de riesgo para el TEPT es que la amenaza de muerte provenga de otro ser humano en lugar de ser producida por causas naturales.

La exposición a situaciones traumáticas previas es otro predictor consistente del TEPT crónico derivado de un nuevo evento traumático (Dougall et ál., 2000). A pesar de que el TEPT es el único trastorno de ansiedad que incluye un evento de condicionamiento directo para su definición diagnóstica, Breslau y Kessler (2001) sostienen que la exposición al evento traumático no es suficiente para desarrollar el TEPT. En un estudio con una muestra amplia, el 59,2% de los individuos reportó haber padecido de algún evento estresante que pudiera hacer parte del diagnóstico del TEPT. Sin embargo, sólo el 9,2% de estos eventos condujo al diagnóstico de TEPT en el DSM-IV, lo cual sugiere que se requieren de otros factores para el desarrollo del TEPT.

Las variables de la historia personal incluyen variables demográficas, historia psiquiátrica previa, historia de trauma, factores de personalidad y las diferencias inmediatas del impacto del trauma en sus víctimas. Algunos estudios han demostrado que las mujeres tienen mayor riesgo de padecer TEPT que los hombres (Breslau, Davis y Andreski, 1998), aunque estos hallazgos pueden confundirse por el tipo e historia del trauma. La edad de la víctima en el momento del trauma (entre más joven sea la persona), constituye otro factor de riesgo para el TEPT: Atkeson et ál. (1982) sostienen que individuos jóvenes y mayores tienen mayor riesgo de desarrollar TEPT, en comparación con adultos de mediana edad. Por su parte, Galea, Ahern y Resnick (2002) encontraron que el ser latino fue un factor para desarrollar TEPT en víctimas de los ataques terroristas de las Torres Gemelas en Nueva York. Igualmente, Brewin, Andrewsy Valentine (2000) demostraron que el estatus socioeconómico bajo y el nivel de educación también constituyen factores de riesgo.

Varios estudios han demostrado que la historia psiquiátrica preexistente afecta significativamente el riesgo de problemas de salud mental a nivel del TEPT. Por ejemplo, la depresión y la ansiedad preexistentes constituyen un factor de riesgo (Freedman, Brandes y Peri, 1999). Los factores de personalidad como el afecto negativo, han demostrado que influyen sobre las cogniciones individuales que tiene la persona sobre sí misma y sobre el mundo, los cuales se relacionan directamente con el desarrollo del TEPT (Miller, 2004). Igualmente, un factor esencial es el desarrollo del sentido de vulnerabilidad que tiene el individuo, así como las creencias de incapacidad para enfrentar situaciones amenazantes. Variables como experiencias previas de eventos incontrolables (Mineka y Zinbarg, 2006), intensidad de la activación autónoma posterior al trauma (Pitman et ál., 2002) y características individuales como inteligencia (Macklin et ál., 1998), determinan si un evento potencialmente traumatizante va a producir TEPT en un individuo en particular.

Las variables culturales y ambientales incluyen factores como el apoyo social con que cuenta la víctima del evento traumático. Briere y Scott (2006) sostienen que el apoyo psicológico de los miembros de la familia, amigos y otras personas significativas reduce la intensidad del TEPT. Este apoyo incluye respuestas de aceptación (no culpabilizar o estigmatizar a la víctima) y suministar cuidado y cariño después del evento traumático. Norris et ál. (2000) reportan que el sistema de apoyo social es un ingrediente vital, que sirve como factor de protección de consecuencias de problemas de salud mental a largo plazo. Brewin, Andrews y Valentine (2000) encontraron que la falta de apoyo social y la presencia de estresores adicionales, son predictores importantes de la psicopatología postrauma.

Para resumir, Keane y Barlow (2002) sostienen que otras variables importantes en el desarrollo del TEPT son el número de exposiciones al mismo trauma o a uno similar, las estrategias de afrontamiento del individuo, la disponibilidad de apoyo social, los eventos de vida estresantes y la vulnerabilidad psicológica generalizada para desarrollar afecto negativo/ansiedad. Litz y Maguen (2007) reportan que la exposición a experiencias traumáticas es una condición necesaria pero no suficiente para generar TEPT; argumentan que los individuos traen fortalezas y vulnerabilidades personales al contexto del trauma, y que varias características cualitativas y cuantitativas hacen del trauma un evento único que afecta las capacidades de afrontamiento de la persona y su salud psicológica.

Ciertamente, algunos subgrupos dentro de la sociedad tienen un mayor riesgo de exponerse a eventos traumáticos y desarrollar posteriormente el TEPT. El personal militar, especialmente los soldados, son los individuos con mayor riesgo (el número total de guerras en el mundo en la última mitad del siglo XX se estimó a comienzos de los años noventa en cerca de 150, según Zwi [1991]). Hope, Auchterlonie y Milliken (2006) hicieron los primeros intentos de evaluar el TEPT durante la guerra de Irán y Afganistán. Estudiaron una población de 303.905 soldados del ejército y marines que combatieron en estas y otras localidades y encontraron que los hombres y las mujeres del servicio activo tuvieron más probabilidad de reportar problemas de salud mental (19,1%) después de servir en Iraq, en comparación con el 11,3% después de Afganistán y el 8,5% después de servir en otras localidades. Por su parte, Sutker et ál. (1993) examinaron una muestra de 215 tropas enviadas a la guerra en el Golfo Pérsico y encontraron una tasa de prevalencia del 16-19%, lo cual es indicativo del alto índice del TEPT en combatientes.

Las secuelas del combate son evidentes en los numerosos estudios que se han realizado en combatientes de la guerra de Vietnam. Actualmente, existen en Norteamérica aproximadamente un millón de casos de TEPT a lo largo del curso de vida de esta población, como resultado de la guerra de Vietnam (Keane y Barlow, 2002).

Se ha visto cómo los combatientes constituyen un grupo importante en el que se incrementan el riesgo de depresión, los pensamientos suicidas y las conductas autodestructivas. Egendorf et ál. (1981) manifiestan que el 16% de los combatientes veteranos y el 29% de aquellos que participan en algún combate, experimentan problemas significativos al adaptarse a la vida civil, y que estas dificultades empeoran con el TEPT. Vale la pena anotar que en algunas ocasiones diagnosticar el TEPT es clínicamente complejo, que se dificulta por la aparición de síntomas encubiertos por una variedad de alteraciones, incluidos la esquizofrenia, cuadros depresivos severos y ansiedad generalizada. Asimismo, como se dijo anteriormente, el TEPT va acompañado frecuentemente de trastornos en el eje I y II del DSM-IV (APA, 1994).

V. Intervención en el trastorno de estrés postraumático

En el presente capítulo se hace una revisión detallada de los tratamientos más ampliamente estudiados y reportados en la literatura del trastorno de estrés postraumático (TEPT). Se describen la terapia cognitivo-conductual, la terapia de exposición prolongada, la terapia cognitiva y del procesamiento cognitivo, la terapia del reprocesamiento y desensibilización sistemática por medio de movimientos oculares (EMDR: eye movement desensitization and reprocessing); también se reportan las terapias de tercera generación, como la terapia de aceptación y compromiso, la terapia conductual dialéctica y la de *mindfulness*. Finalmente, se mencionan las intervenciones a nivel de grupo y farmacológicas, y se hacen algunas consideraciones importantes al intervenir en el TEPT.

En la actualidad existen en la literatura numerosos estudios sobre diferentes intervenciones en el TEPT, para mencionar algunos: *debriefing* (intervención en crisis en una sesión semiestructurada, diseñada para reducir las secuelas psicológicas del evento traumático), terapia cognoscitivo-conductual, terapia farmacológica, reprocesamiento y desensibilización por medio de movimientos oculares, terapia grupal, rehabilitación psicosocial, hipnosis, entre otras (Foa, Keane y Friedman, 2000). Estas intervenciones tienen en común el objetivo de restaurar el sentido de control, disminuir el poder del evento traumático sobre la experiencia actual y reducir los diversos síntomas que presenta el paciente. Algunos autores reportan que entre más rápido reciba el individuo ayuda, más rápido tendrá posibilidad de recuperarse de la experiencia traumática (Bisson, McFarlane y Rose, 2000). A pesar de la evidencia de la poca efectividad del *debriefing*, esta técnica es administrada a profesionales como oficiales de la policía, ejército y personal involucrado en desastres que regularmente se exponen a eventos traumáticos.

Resick, Monson y Rizvi (2008) reportan que hay cuatro formas predominantes de terapia para el TEPT: tratamientos centrados en habilidades de afrontamiento, terapia de exposición, terapia cognitiva y tratamientos combinados de reprocesamiento y desensibilización por medio de movimientos oculares.

El objetivo de la intervención en el TEPT es ayudar al paciente a procesar el trauma, de manera que se reduzca la carga emocional que conllevan los recuerdos y abordar los comportamientos de evitación que se generan como consecuencia de éste. El terapeuta ayuda al paciente a elaborar formas de afrontar los síntomas de sobreactivación fisiológica y de reexperimentación que se presentan cuando se recuerda el trauma y de evitación, con el objeto de aliviar o reducir los síntomas del TEPT. En la intervención los pacientes confrontan el evento traumático a través de exposición en imaginación y en vivo para, a través de esta confrontación, procesar emocionalmente el trauma.

5.1. Terapia cognitivo-conductual

Esta terapia reúne un número diverso de técnicas. Las primeras terapias (desensibilización sistemática, entrenamiento en relajación, *biofeedback*), se centraron principalmente en la teoría de los dos factores de Mowrer (1960) del condicionamiento del miedo y de evitación operante. Posteriormente, surgieron las teorías del procesamiento emocionales/informativas, especialmente dirigidas a abordar los síntomas del TEPT (exposición prolongada, terapia cognitiva, terapia del procesamiento cognitivo), que predominaron sobre las teorías del aprendizaje anteriormente mencionadas (Rothbaum et ál., 2000).

Foa y Rothbaum, (1998) reportan que existen varios mecanismos centrales en el tratamiento del TEPT, según la teoría del procesamiento emocional:

1. Revivir la experiencia traumática en imaginación promueve la habituación y reduce la ansiedad asociada con el recuerdo del trauma y corrige la idea equivocada de que la ansiedad permanece a menos que se emita una conducta de escape/evitación.

2. El proceso de confrontar deliberadamente el recuerdo del trauma bloquea el reforzamiento negativo asociado con la reducción del miedo que se presenta posteriormente a la evitación de pensamientos y sentimientos relacionados con el trauma.

3. Revivir la experiencia traumática en un ambiente terapéutico y de apoyo suministra información de seguridad al recuerdo del trauma, ayudando de esta manera al paciente a entender que el recuerdo *no* es peligroso.

4. El centrarse en el recuerdo del trauma durante un período de tiempo prolongado ayuda al paciente a diferenciar el evento traumático de otros no traumáticos y, por consiguiente, a entender que el trauma constituye un evento específico y no una representación del mundo como un lugar peligroso. Adicionalmente permite abordar las cogniciones de incompetencia del paciente.

5. La exposición prolongada del evento traumático permite atender detalles centrales de las evaluaciones negativas que se hace el paciente, de manera que puedan reestructurarse.

Estos autores sostienen que los mecanismos mencionados anteriormente también son válidos en las exposiciones *in vivo*. Sin embargo, reportan que los mecanismos más sobresalientes durante la exposición *in vivo* son la corrección del error cognoscitivo de sobreestimación de probabilidad de peligro y la habituación de respuestas de temor ante estímulos relevantes al trauma.

5.1.1. *Terapia de exposición*

Una variedad de términos se han utilizado para describir la exposición prolongada a estímulos generadores de ansiedad como inundación, exposición en imaginación, en vivo e interoceptiva. Los métodos de exposición comparten la característica común de confrontar el estímulo temido hasta lograr una reducción en los niveles de ansiedad. Al exponerse a estos estímulos, la ansiedad se reduce, lo cual conlleva a una disminución de las conductas de escape y evitación mantenidas por reforzamiento negativo (Mowrer, 1960). En general, la terapia de exposición reúne una serie de técnicas diseñadas para ayudar al paciente a confrontar el(los) estímulo(s) temido(s), las situaciones, los recuerdos o las imágenes del evento traumático. Los programas de exposición varían en términos de duración (corta frenta a prolongada), establecimiento de jerarquía de estímulos o situaciones temidas y nivel de ansiedad experimentado (bajo frente a alto).

En el TEPT la terapia de exposición abarca la *exposición en imaginación,* que incluye recordar o exponerse varias veces al evento traumático, con el objetivo de reducir el temor asociado a los pensamientos o estímulos asociados al trauma.

Este tipo de exposición requiere que el paciente suministre su propia narrativa al discutir detalladamente el evento traumático por períodos largos de tiempo (por ejemplo 45 a 60 minutos), mientras el terapeuta indaga sobre otros detalles omitidos (Foa et ál., 1999).

Otras formas de exposición en imaginación requieren que el terapeuta presente la narrativa al paciente basándose en la información suministrada por la víctima sobre el evento traumático (Keane et ál., 1989); por su parte, en la *exposición in vivo* se confrontan de manera real las situaciones y objetos que evocan la respuesta emocional. Con frecuencia los tratamientos de exposición no se limitan solamente al componente de exposición, sino que incluyen otras técnicas como psicoeducación y relajación. Sin embargo, varios estudios han demostrado que adicionar estrategias cognitivo-conductuales a la terapia de exposición prolongada (EP), no aumenta los beneficios que tiene esta técnica por sí sola (Foa, Rothbaum y Furr, 2003; Foa et ál., 2005), de manera que algunos autores han abandonado la inclusión de otras técnicas cognitivo-conductuales en el tratamiento de la EP (Foa, Hembree y Rothbaum, 2007).

En la actualidad la EP ha recibido la mayor evidencia empírica de su efectividad en el tratamiento del TEPT. La eficacia de la terapia de exposición sola o junto con otros componentes cognitivo-conductuales ha sido demostrada en un amplio rango de poblaciones víctimas de eventos traumáticos (Cahill, Hembree y Foa, 2006).

Esta técnica desarrollada por Foa y Rothbaum (1998) emerge de la tradición de la terapia de exposición de los trastornos de ansiedad, en la que el paciente confronta las situaciones que evocan ansiedad de manera segura, con el objetivo de enfrentarse al miedo excesivo. La EP surge también de la teoría del procesamiento emocional del TEPT, que enfatiza en el papel central del procesamiento exitoso de los recuerdos traumáticos en el manejo de los síntomas del TEPT. La EP incluye cuatro procedimientos: 1) psicoeducación y reacciones acerca del trauma y TEPT; 2) entrenamiento en respiración diafragmática; 3) exposición *in vivo* a las situaciones temidas relacionadas con el trauma (en un lugar seguro); y 4) exposición en imaginación, que consiste en narrar repetidamente los recuerdos del evento traumático. Finalmente, cada sesión termina con la asignación de tareas conductuales que incluyen ejercicios de exposición *in vivo* y *en imaginación*, como escuchar la grabación de la narración y los ejercicios realizados durante la sesión terapéutica.

La terapia de exposición ha demostrado su efectividad en el tratamiento del TEPT en doce estudios controlados metodológicamente, de los que varios de ellos obtuvieron los estándares dorados de resultados clínicos (Foa y Meadows, 1997). Estos hallazgos han sido muy contundentes con respecto a la efectividad de la exposición en el tratamiento del TEPT.

Taylor (2006) sostiene que la exposición interoceptiva, que incluye una exposición sistemática a las sensaciones corporales inofensivas que generan ansiedad, es una nueva intervención prometedora para el TEPT. La experiencia clínica con la exposición interoceptiva sugiere que la exposición evoca recuerdos traumáticos, probablemente debido a que las sensaciones corporales de activación estuvieron presentes durante el evento traumático, e hicieron parte de los recuerdos traumáticos que tiene el paciente.

A pesar de la efectividad de las técnicas de exposición para el TEPT, algunos sobrevivientes de trauma se oponen a exponerse a recuerdos del evento, a tolerar altos niveles de ansiedad y a incrementar temporalmente sus síntomas como resultado de la exposición, como una fase previa a la recuperación. Es importante resaltar el hecho de que no todas las personas son candidatas a esta intervención. Existe alguna evidencia preliminar en el sentido de que la terapia de exposición no es efectiva en perpetradores de daño, especialmente en pacientes en quienes la *culpa* es la emoción primaria (Pitman et ál., 1991) y en individuos cuya respuesta emocional primaria es ira y no ansiedad (Foa et ál., 1995). Algunos autores (Foa, Hembree y Rothbaum, 2007) sostienen que la técnica de EP no debe implementarse en casos en los que el paciente presente amenaza inminente de comportamiento suicida u homicida, de conducta de autolesión severa o en casos de psicosis. Foa, Hembree y Rothbaum (2007) recomiendan la EP en individuos con TEPT y patologías asociadas, como depresión, ansiedad crónica, reacciones de ira o culpa y trastornos del eje II, posteriores a cualquier tipo de evento traumático. Igualmente, en pacientes que tengan recuerdos y una narrativa del evento traumático, es decir, que puedan describir el trauma de manera verbal o escrita y que la historia tenga una secuencia que incluya un inicio, una fase intermedia y un final.

Como se dijo anteriormente, no todos los pacientes con TEPT aceptan la terapia de exposición, debido a la activación fisiológica y emocional que genera exponerse a estímulos relacionados con el evento traumático. Para el paciente resulta contradictorio aceptar que un componente central del tratamiento del

TEPT es precisamente exponerse a aquellas situaciones que generan ansiedad y enfrentar estímulos que ha tratado infructuosamente de evitar, lo cual genera una carga emocional adicional de preocupación e incertidumbre con respecto a la efectividad del tratamiento. Taylor (2006) plantea algunas dificultades que se presentan en la implementación de la terapia de exposición: 1) fallas en la fase psicoeducativa, en la que no se aclara el objetivo principal de la exposición y no se evalúe si el paciente comprendió exhaustivamente las razones del tratamiento; 2) fallas en el establecimiento de la relación terapéutica; 3) fallas para identificar factores cognitivos en el proceso inicial de evaluación, por ejemplo, necesidades de aprobación y creencias acerca de lo inapropiado de mostrar debilidad emocional, las cuales pueden surgir durante la exposición; 4) reacciones de choque, ansiedad o rabia del terapeuta ante los relatos del paciente, o al observar la reacción del paciente ante los ejercicios de exposición; 5) evacuar la jerarquía de exposición de manera lenta o ir demasiado rápido y suspender la exposición cuando se presenten reacciones emocionales; 6) abandonar la exposición cuando el paciente presente entumecimiento de respuesta o disociación; 7) hablar demasiado e interrumpir al paciente durante la narración del evento; 8) no reforzar al paciente durante y después de los ensayos de exposición; y 9) fallas para identificar señales y conductas de seguridad que pueden interferir con la sesión de exposición, tales como evitación cognitiva durante la exposición en imaginación.

A pesar de las consideraciones para utilizar la exposición, esta terapia ha recibido el mayor sustento clínico y teórico en el tratamiento del TEPT, por lo cual debe ser considerada como la primera línea de escogencia.

5.2. Técnicas de manejo de ansiedad

Surgieron del supuesto de que la ansiedad patológica proviene de un déficit de habilidades necesarias para afrontar la ansiedad. Estos programas entrenan al paciente en una serie de habilidades que le permiten reducir la ansiedad relacionada con el TEPT, e incluye entrenamiento en relajación y respiración, educación sobre el trauma, imaginería positiva, reestructuración cognoscitiva, técnicas de distracción y entrenamiento en habilidades de comunicación. Algunos programas han incluido el entrenamiento en manejo de la ira como parte de las habilidades trabajadas con el paciente (Chemtob et ál., 1997; Keane et ál., 1989) debido a la importancia de problemas interpersonales en pacientes con TEPT.

La primera aproximación descrita con víctimas de violación fue el entrenamiento en inoculación de estrés (Kilpatrick, Veronen y Resick, 1982) basado en la aproximación de Meichenbaum (1985) para el manejo de ansiedad. Este entrenamiento pretende dar al paciente un sentido de competencia de sus miedos a través del entrenamiento en habilidades de afrontamiento. El programa incluye una fase educativa, entrenamiento en relajación muscular, entrenamiento en respiración, juego de roles, modelamiento encubierto, autodiálogo guiado y detención del pensamiento.

5.3. Terapia cognitiva

Postula que ciertos patrones de pensamiento disfuncional producen emociones patológicas que culminan en las manifestaciones de los trastornos psiquiátricos, incluyendo el TEPT. Estos patrones de pensamiento generalmente conducen a que la persona se sienta ansiosa, deprimida, con ira o con vergüenza en situaciones en las que esas emociones son inapropiadas. Las cogniciones disfuncionales y las emociones que resultan provocan conductas de evitación de situaciones seguras y enfrentamientos innecesarios con los demás. La terapia cognitiva enseña al paciente a identificar y modificar cogniciones disfuncionales acerca de sí mismo, del mundo y del futuro, y a reemplazarlas por cogniciones funcionales y realistas. Resick, Monzon y Rizvi (2008) sostienen que otra forma de terapia cognitiva se centra más en el trauma y en el significado particular que tiene el evento para el paciente y en la manera como las interpretaciones del evento contradicen o confirman las creencias previas que tiene el paciente de sí mismo y de los demás.

En la actualidad la terapia cognitivo-conductual para el TEPT ha tenido sustento empírico en múltiples estudios controlados con una variedad de víctimas de trauma, incluyendo veteranos de guerra, mujeres víctimas de violación y poblaciones de trauma mixtos. La terapia cognitiva especialmente en mujeres violadas es alentadora; sin embargo, sus resultados con otras poblaciones no pueden asegurarse. Es interesante que estudios comparativos de terapia de exposición, entrenamientos en inoculación de estrés o reestructuración cognitiva, no confieran beneficios adicionales a la terapia de exposición por sí sola (Foa et ál., 1999). Con respecto a la terapia cognitiva, se puede concluir que es efectiva, sin embargo, varios autores sostienen que en la terapia cognitiva es recomendable incluir el componente de exposición (Foa, Keane y Friedman, 2000).

5.3.1. *Terapia del procesamiento cognitivo*

Desarrollada por Resick y Schnicke (1993), consiste en un paquete de tratamiento conductual multidimensional para mujeres con TEPT víctimas de violación. Este paquete combina elementos de la terapia de exposición, terapia en manejo de ansiedad y reestructuración cognoscitiva. La meta de la terapia de procesamiento cognitivo es corregir cogniciones específicas maladaptativas con énfasis en cinco supuestos asociados a víctimas de violación: seguridad, confianza, poder, estima e intimidad.

Foa, Keane y Friedman (2000) sostienen que a pesar de la efectividad demostrada de la terapia de procesamientos cognitivo, se debe considerar que fue diseñada como un tratamiento para mujeres víctimas de violación y su implementación puede ser inapropiada para otras víctimas de trauma, a menos que se realicen algunas modificaciones al tratamiento.

En resumen, se puede concluir que existen por lo menos tres tratamientos con un excelente soporte empírico en ensayos clínicos controlados para el tratamiento del TEPT: la terapia de exposición, la terapia en manejo de ansiedad y la reestructuración cognitiva. Estas tres aproximaciones presentan fuertes efectos de tratamiento y han sido aplicadas en diversas poblaciones de sobrevivientes de trauma (Keane y Barlow, 2002).

5.4. Reprocesamiento y desensibilización sistemática por medio de movimientos oculares (EMDR)

Es una terapia controvertida que surgió de observaciones personales y no de la teoría o la aplicación de técnicas efectivas para otros trastornos. El EMDR (Eye Movement Desensitization and Reprocessing) fue desarrollado por Shapiro (1989, 1995) y se basó en la observación causal de que sus pensamientos problemáticos se solucionaban cuando sus ojos seguían el movimiento acompasado de las hojas de los árboles durante un paseo en el parque. Shapiro sostuvo que los movimientos oculares laterales facilitaban la iniciación del procesamiento cognitivo del trauma por parte del paciente. Posteriormente el EMDR se conceptualizó como un tratamiento cognitivo-conductual dirigido a facilitar el procesamiento de la información de los eventos traumáticos y la reestructuración cognitiva de los pensamientos negativos relacionados con el trauma (Astin y Resick, 1997).

El EMDR se describe como un tratamiento de ocho fases que incluye obtención de la historia del problema, preparación del paciente, evaluación del blanco de tratamiento, desensibilización, instalación, escaneo corporal y revaluación de los efectos del tratamiento. La técnica incluye además los componentes de exposición y cognoscitivos, así como los movimientos laterales oculares (Resick, Monson y Rizvi, 2008).

Una serie de estudios compararon el EMDR con otros tratamientos y examinaron la necesidad del movimiento ocular en el tratamiento. Boudewyns et ál. (1995) encontraron que el EMDR era igualmente efectivo a la EP en la reducción de síntomas de TEPT, depresión, ansiedad y tasa cardíaca acelerada. Mientras que Shapiro sostiene que el movimiento ocular lateral es un componente esencial del EMDR, varios estudios han demostrado resultados mixtos (Renfrey y Spates, 1994; Wilson et ál., 1996).

Dados estos resultados, no es claro si el movimiento ocular lateral es el componente esencial del EMDR. Esta técnica hace que el paciente piense acerca del trauma, identifique cogniciones negativas asociadas al evento y que trabaje en cogniciones positivas a medida que procesa los recuerdos traumáticos. Sin el movimiento ocular lateral, el EMDR es similar a otra forma de la terapia cognitivo-conductual que facilita el procesamiento del recuerdo traumático, de manera que cualquier efectividad demostrada por el EMDR puede atribuirse más al compromiso con el recuerdo traumático y a la reevaluación cognoscitiva que al movimiento ocular. No obstante, el EMDR parece ser igualmente efectivo a la exposición y otros paquetes combinados de terapia cognitiva-conductual en algunos estudios pequeños (Resick, Monson y Rizvi, 2008).

El EMDR ha sido controvertido por numerosas razones, incluyendo la falta de fundamentos teóricos y la carencia de datos empíricos con una metodología sólida (Astin y Resick, 1997). Se requiere de mayores estudios antes que la investigación apoye la utilización del EMDR en el tratamiento del TEPT. En la actualidad no existe ningún estudio que apoye al EMDR como un tratamiento superior a cualquiera de los existentes para el TEPT, como la terapia de exposición, la terapia en manejo de ansiedad o la terapia cognitiva (Chemtob et ál., 2000).

5.5. Terapia de grupo

Este tipo de terapia puede ser un aporte importante para el tratamiento del TEPT, debido a que el trauma generalmente afecta la habilidad de la persona para establecer relaciones afectivas. Estos eventos pueden afectar profundamente los supuestos básicos a nivel cognitivo de que el mundo es un lugar seguro y predecible, generando desconfianza o relaciones adictivas hacia los demás. La terapia de grupo con pacientes con TEPT ayuda a restablecer la confianza y el sentimiento de pertenencia hacia la comunidad, de manera que la persona recobre la habilidad para relacionarse apropiadamente con otros miembros en un ambiente controlado. Esta terapia es quizás la mejor opción terapéutica para pacientes con TEPT leve o moderado.

Una ventaja de la terapia de grupo es que varios pacientes pueden ser tratados simultáneamente y pueden obtener apoyo emocional de los demás pacientes. Sin embargo, algunos aspectos del tratamiento como la reestructuración cognitiva, es preferible conducirlos de manera individual y puede ser complicado en términos de tiempo dedicar la sesión grupal a la reestructuración de creencias. Igualmente, la exposición en imaginación es preferible llevarla a cabo de manera individual (Turner, Beidel y Frueh, 2005). Un problema adicional con la terapia grupal es que algunos pacientes pueden generar una fuerte reacción emocional al escuchar las experiencias traumáticas de los otros pacientes. Asimismo, la ira o la irritabilidad generadas por el trauma pueden interferir con el funcionamiento del grupo (Taylor, 2006).

Koss y Harvey (1991) reportan que pacientes con ideación suicida, problemas severos de abuso de sustancias, automutilación, diagnósticos de trastornos de personalidad, estilos de vida inestable y desorganizada no deben hacer parte de un trabajo de intervención grupal.

5.6. Tratamientos de tercera generación

Monson, Friedman y La Bash (2007) reportan que en la última década la terapia cognitivo-conductual ha sido testigo de un movimiento que se centra no solamente en el cambio conductual o cognitivo, sino en la aceptación de las circunstancias personales, de las experiencias internas, de los patrones conductuales y de las características y comportamientos de otros individuos. Estos aspectos provienen de las enseñanzas del zen budista y de las aproximaciones sobre *mindfulness* (atención y conciencia plena) que enfatizan en la aceptación de sí mismo, de las experiencias internas, ambientales y de otros individuos. La terapia conductual dialéctica (DBT; Linehan, 1993), la terapia cognitiva basada en *mindfulness* (MBCT; Segal, Williams y Teasdale, 2002), y la terapia de aceptación y compromiso (ACT; Hayes, Strosahl y Wilson, 1999) son terapias emblemáticas de esta nueva aproximación.

Dentro de estas teorías las emociones negativas, las experiencias y las circunstancias no se consideran problemas. Paradójicamente, las conductas que el individuo emite para evitar estas experiencias negativas son consideradas la causa de la psicopatología. Esta evitación experiencial es la tendencia a evitar las experiencias privadas, como sentimientos, recuerdos, predisposiciones conductuales y pensamientos. La noción de evitación experiencial se ajusta al entendimiento y al tratamiento del TEPT, debido a que los sobrevivientes de trauma generalmente hacen intentos para alejarse de estímulos que generen angustia como recuerdos, sensaciones o sentimientos asociados con el evento traumático (Batten, Orsillo y Walser, 2005). En la actualidad los datos que apoyan la utilidad de estos tratamientos para el TEPT son limitados (Batten y Hayes, 2005; Walser et ál., 2003).

5.7. Tratamientos farmacológicos

Durante los últimos diez años ha habido un avance significativo en la psicofarmacología clínica del TEPT. El Departamento Administrativo de Drogas y Alimentos Americano, ha aprobado la sertralina y la paroxetina, dos medicamentos inhibidores de la recaptación de la serotonina (SSRI), como los tratamientos farmacológicos indicados para el TEPT. La mayoría de la investigación farmacológica del TEPT se ha centrado en el uso de los SSRI, los cuales han demostrado su efectividad en el tratamiento de la ansiedad generalizada, la depresión y el pánico. El TEPT, debido a que presenta síntomas similares con otros trastornos de ansiedad, hace que su utilización sea una extensión natural.

Beneficios iniciales de ensayos clínicos aleatorios apoyaron el uso del antidepresivo amitriptalina (Davidson et ál., 1990). Sin embargo, estudios más recientes sugieren que la sertralina mejora el cuadro sintomático de pacientes con TEPT (Brady et ál., 2000; Davidson et ál., 1997). La introducción de los SSRI ha generado una nueva línea de investigación en el tratamiento del TEPT. Debido a que este trastorno afecta a casi un 8% de la población general, es muy probable que los laboratorios farmacéuticos continúen desarrollando investigaciones y esfuerzos para encontrar mejores tratamientos para este trastorno. Claramente, se hace necesario que nuevos ensayos clínicos examinen los efectos interactivos de los tratamientos cognitivo-conductuales y los agentes psicofisiológicos en el estudio de la efectividad de los tratamientos para el TEPT (Keane y Barlow, 2002).

Friedman et ál. (2000) sostienen que los SSRI constituyen la primera línea de medicación para el TEPT, según las recomendaciones de tratamiento para el TEPT desarrollados por la Sociedad Internacional de Estrés Traumático.

Un grupo de expertos internacionalmente (Ballenger et ál., 2000; Foa, Davidson y Frances, 1999) llegaron al consenso basado en una combinación de evidencia de investigación y de experiencia clínica, de que el tratamiento con SSRI o las intervenciones psicosociales que utilizan terapia de exposición constituyen la primera línea de intervención. Igualmente sostienen que la terapia de exposición es la técnica psicoterapéutica más efectiva y rápida y que los métodos con el menor número de efectos secundarios son las técnicas de manejo de ansiedad, la psicoeducación y la reestructuración cognitiva. El consenso de expertos ofrece las siguientes guías para la intervención del TEPT (Foa, Davidson y Frances, 1999):

1. Independientemente de la edad del paciente, de la severidad y duración del TEPT, el tratamiento debe iniciar con psicoterapia (por ejemplo terapia cognitivo-conductual), o una combinación de psicoterapia y medicación.

2. Cuando existan comorbilidad entre TEPT y depresión mayor, trastorno bipolar y trastornos de ansiedad, se debe utilizar una combinación de tratamiento desde el inicio.

3. Cuando existan comorbilidad entre TEPT y abuso de sustancias o dependencia, se deben intervenir estos trastornos simultáneamente o tratar el abuso de sustancias inicialmente.

4. Se recomienda la terapia de exposición para los síntomas de reexperimentación y evitación.

5. Se recomienda la reestructuración cognoscitiva para los síntomas de entumecimiento, irritabilidad, ira, culpa y vergüenza.

6. Se recomienda la reestructuración cognoscitiva con o sin terapia de exposición para los síntomas de activación.

7. Para los niños y adolescentes, el tratamiento debe involucrar terapia de juego, así como psicoeducación, habilidades para manejo de ansiedad y reestructuración cognitiva.

8. Si el ensayo de tratamiento psicosocial es ineficaz, se recomienda adicionar medicación o cambiar a otra técnica psicoeductativa.

5.8. Consideraciones generales

Existen limitaciones en la literatura científica sobre el TEPT. Por una parte, la mayoría de estudios utilizan criterios de inclusión y exclusión con el objeto de establecer la población de pacientes apropiadamente. Es común en estudios sobre tratamientos del TEPT que se excluyan pacientes que presenten además de este trastorno, una dependencia activa a sustancias, ideación suicida, déficits neuropsicológicos, retardo o enfermedades cardíacas. De manera que la generalización de los resultados con respecto a la efectividad de los tratamientos para este tipo de poblaciones puede no ser conveniente. La investigación sobre tratamientos del TEPT ha arrojado resultados sobre la efectividad de la terapia de exposición sobre los demás tipos de intervención; sin embargo, se ha demostrado ampliamente, en varios estudios, que la terapia cognitiva y el manejo de la ansiedad también son efectivos. De los programas de tratamientos existentes, la terapia de exposición tiene el mayor sustento empírico por su alto grado de eficacia y eficiencia en diferentes poblaciones de víctimas de trauma con TEPT.

En la literatura científica sobre TEPT existen varios aspectos que merecen contemplarse con el objeto de adelantar en la comprensión de este trastorno:

1) no existe evidencia conclusiva con respecto a si la exposición a ciertos traumas genera un TEPT especialmente resistente al tratamiento; 2) no se han diseñado estudios clínicos que aborden la pregunta de si el número de traumas previos que ha padecido la persona, predice la respuesta al tratamiento entre pacientes con TEPT; 3) no se ha estudiado sistemáticamente si existen diferencias de género con respecto a la respuesta al tratamiento de personas víctimas del mismo trauma (Foa, Keane y Friedman, 2000). Estos y otros interrogantes dejan un camino largo para el desarrollo de investigaciones tendientes a aliviar los efectos de este devastador trastorno que afecta a la población mundial en general.

Para determinar el beneficio de otras psicoterapias para el TEPT se requieren estudios con un alto nivel de control metodológico, que incluyan grupo control, muestras grandes y mayores tratamientos comparativos. Igualmente, surge el interrogante con respecto a si víctimas de eventos traumáticos con TEPT, como combate, tortura, genocidio, desastres naturales también presentan mejoría, como aquellas tratadas exitosamente por violación, accidentes automovilísticos y asaltos (Keane y Barlow, 2002).

Por otra parte, faltan estudios que examinen la eficacia relativa de la medicación y la terapia cognitivo-conductual, y estudios que examinen si la combinación de estas terapias aumenta la eficacia de cada una.

Finalmente, un área reciente de importancia en el estudio del TEPT, es el impacto de este trastorno sobre la salud. Felitti et ál. (1998) encontraron que los individuos que experimentaron diversas experiencias adversas cuando niños, tenían un mayor riesgo de tener un amplio rango de problemas mentales, físicos y de salud. Estos problemas incluyen factores de riesgo de enfermedades como obesidad, abuso de alcohol, abuso de drogas, consumo de cigarrillos y comportamientos sexuales riesgosos. De esta manera, la exposición a eventos traumáticos y el TEPT arrojan un nuevo campo de la relación entre estrés y salud (Keane y Barlow, 2002).

VI. Intervención en emociones secundarias

Este capítulo aborda aspectos relacionados con emociones secundarias presentes en el trastorno de estrés postraumático (TEPT) como culpa y vergüenza. Se analizan estas emociones dentro de la problemática del TEPT, y se describe la emoción de la ira y su relación en el mantenimiento de los síntomas del trastorno. Se mencionan las características y diferencias entre el duelo normal y el duelo traumático y, finalmente, se aborda el tema de la aceptación del trauma como un factor vital para su recuperación.

El TEPT es quizás de los trastornos de ansiedad el que mayor impacto genera a nivel emocional. Los criterios de reexperimentación, evitación y activación reúnen una serie de síntomas físicos, cognoscitivos, conductuales y emocionales (tanto primarios como miedo, tristeza e ira, y secundarios como culpa y vergüenza), que hacen que el individuo permanezca constantemente en un estado de desregulación emocional. Los sentimientos de culpa constituyeron una característica central del TEPT en el DSM-III; sin embargo, fue relegado al estatus de característica asociada en el DSM-III-R Y DSM-IV (APA, 1994). Dado que una gran cantidad de estudios ha incluido los sentimientos de culpa y vergüenza en el desarrollo y mantenimiento del TEPT en sobrevivientes de diferentes tipos de eventos traumáticos (Andrews et ál., 2000; Leskela, Dieperink y Thuras, 2002; Beckham, Feldman y Kirby, 1998; Kubany y Ralston, 2006), esta condición no hace parte de una característica central del TEPT en el criterio diagnóstico del DSM-IV, por lo que se espera que la próxima clasificación del DSM-V considere este aspecto central.

6.1. Culpa y vergüenza

La culpa se define fenomenológicamente como un sentimiento desagradable, acompañado de creencias de haber pensado, sentido o actuado de manera diferente (Kubany y Watson, 2003). Estos autores sostienen que una razón por la cual los recuerdos del trauma no pierden su capacidad para evocar dolor emocional a través del tiempo, es por el condicionamiento de orden superior del lenguaje, por el cual verbalizaciones asociadas con la culpa han adquirido la capacidad de evocar afecto negativo (por ejemplo: "no debí...", " pude prevenirlo...", "¿por qué a mi...?"), que hacen que el lenguaje sea un estímulo condicionado asociado a imágenes y pensamientos del trauma (Staats, 1996). Estas verbalizaciones pueden a su vez generar vergüenza, las cuales sí se aparean constantemente con recuerdos del trauma, y van a recondicionar los recuerdos con dolor emocional.

Los sentimientos de culpa y vergüenza van de la mano en el TEPT, debido a que cuando el sobreviviente asume un rol causal en la tragedia o en la consecuencia del evento, tiende a concluir que el resultado es un reflejo de su personalidad o carácter (Kubany y Watson, 2003). Sin embargo, es importante diferenciar cada una de estas emociones. La distinción esencial según Barrett (1995) y Tangney (1998), es que la culpa implica un desprecio de conductas o acciones específicas, mientras que en la vergüenza el desprecio es hacia todo el ser. Kubany y Watson (2003) definen la vergüenza como un sentimiento desagradable acompañado de una evaluación negativa general de la persona, de su carácter, de su personalidad o su inteligencia. La vergüenza es una forma de autocastigo que incluye sentimientos de inadecuación, inferioridad y pena, en la que el autoconcepto está sustentado en esta emoción, la cual es dolorosa porque conlleva juicios críticos negativos que producen humillación y baja autoestima (Williams y Poijula, 2002).

Kubany y Ralston (2006) conceptualizaron y obtuvieron soporte a nivel empírico de la culpa, como un constructo multidimensional compuesto de un afecto negativo y cuatro cogniciones relacionadas con culpa que presentan los sobrevivientes:

1. *Percepción de responsabilidad.* Implica aceptar una cuota de responsabilidad en la ocurrencia o en la consecuencia del evento traumático. Esta percepción hace que la persona crea que tiene el poder para causar el evento o para controlar sus consecuencias. En este caso, se ignora una serie de factores causales

externos que contribuyen al trauma, como la responsabilidad de otras personas o desconocer circunstancias ambientales como el clima, el lugar, etcétera. Otra creencia relacionada con la responsabilidad tiene que ver con que el sobreviviente equipara la idea de que pudo haber hecho algo para evitar el evento, con la idea de que es responsable por éste.

2. *Percepción de una justificación insuficiente por acciones tomadas.* En este caso se tiene la creencia de que las acciones que se tomaron fueron menos justificadas, en comparación con lo que se puede concluir al realizar un análisis objetivo de los hechos. Acá la persona no considera que decisiones de vida o muerte se toman bajo condiciones de presión y tiempo, y no pueden ser equiparadas con decisiones que permiten analizar diferentes opciones, en las que el factor tiempo no desempeña un papel primordial.

   De la misma manera, al tratar de buscar un significado del evento traumático, muchos sobrevivientes repasan mentalmente una y otra vez el evento y al hacerlo piensan que "pudieron hacer algo" para prevenirlo o mitigarlo. Este análisis es incorrecto debido a que la evaluación se hace bajo opciones diferentes a las que se tuvieron en el momento del trauma.

   Otros sobrevivientes creen que si hubieran tomado alguna de las acciones contempladas durante la situación traumática, ésta se hubiera podido evitar (por ejemplo "si hubiera gritado...", etcétera). Igualmente, este análisis es incorrecto, debido a que las circunstancias durante el trauma fueron diferentes a las que se contemplan en la fase posterior al evento.

3. *Percepción de violación de normas y valores.* Cuando ocurren eventos traumáticos, algunos sobrevivientes creen que violaron sus convicciones morales y personales, debido a que sucedió algo malo y ellos estuvieron presentes. Esta creencia se tiene a pesar de sus intenciones o de su incapacidad para controlar el evento. Por ejemplo, víctimas inocentes de incesto y sobrevivientes de violación piensan que hicieron algo "malo", se sienten "sucios" o "con vergüenza" por lo sucedido o por las ideas religiosas que se tienen acerca de la conducta sexual.

4. *Percepción de haber podido prevenir el resultado negativo.* Se tienen creencias de que se podía predecir lo que iba a suceder, o de haber podido prestar atención a las señales de peligro relacionadas con el evento. Esta creencia lleva a las personas a pensar que en la situación traumática hubo algún tipo de signo

o señal que les indicaba lo que iba a suceder, cuando en realidad éstos no existieron. Esta distorsión está dada por frases como "debía saber…", "lo vi venir…", "cómo es que no me di cuenta", etcétera.

Adicionalmente, otro factor cognoscitivo que mantiene la emoción negativa del TEPT, tiene que ver con la creencia de algunas víctimas de trauma con respecto a relacionar una emoción o afecto con una idea determinada, lo que les permite concluir que su pensamiento es válido o correcto. En este caso, se incluyen verbalizaciones de tipo emocional: "siento que…", en frases relacionadas con ideas o principios, por ejemplo, pensar: "siento que lo que hice fue incorrecto". En la intervención de los sentimientos de culpa, el terapeuta y el paciente activamente evalúan el sistema de creencias de este último y consideran otras explicaciones alternativas. En el tema específico de la responsabilidad, se considera que la justificación de la persona por haber actuado como lo hizo no puede sopesarse con alternativas ideales o fantasiosas que nunca tuvieron lugar, o con opciones que sólo se consideraron después del evento. Kubany y Ralston (2006) sostienen que en el análisis de responsabilidad que se hace con el paciente se identifica una lista de factores externos que contribuyeron al problema, en la que se asigna un porcentaje de incidencia a cada uno. Luego se analiza el grado de responsabilidad a la luz del porcentaje total de los factores que contribuyeron a la causa del evento.

Estos autores describen la importancia de monitorear tres clases de autoverbalizaciones que presentan los pacientes con TEPT: 1) la palabra "debería" y la pregunta "por qué"; 2) verbalizaciones globales de descalificación personal: "soy estúpido…"; y 3) verbalizaciones de tipo "me siento…", en frases que terminan con palabras que no son emociones (por ejemplo: "me siento obligado… responsable…. culpable… inseguro…"). Las verbalizaciones que hace el paciente con TEPT acerca del "por qué del evento traumático", están asociadas a un pobre ajuste postrauma; adicionalmente, descubrir el "por qué" no cambia el estado emocional de la persona, ni cambia lo sucedido. Por su parte, las verbalizaciones de descalificación tienen la función de hacer que el paciente retroalimente su depresión y su desesperanza. Asociar verbalizaciones de tipo "me siento" con palabras que no son emociones hace que estas verbalizaciones sean más creíbles. Se recomienda que el paciente utilice la frase "me siento" con palabras que denoten sólo emociones.

En ocasiones algunos pacientes con TEPT pueden pensar que a través de la culpa pagan su responsabilidad por el evento, porque el no hacerlo puede significar que están evitando sentirse responsables por lo sucedido, o pueden pensar que a través de la culpa guardan la memoria de la persona que no sobrevivió.

6.1.1. *Culpa del sobreviviente*

Matsakis (1999) describe la culpa del sobreviviente como una creencia de que las acciones u omisiones realizadas durante el evento traumático causaron o pudieron prevenir la muerte o lesión en otros. También implica creer que la víctima debió ser la que debió morir o lastimarse, en lugar de la otra persona. Este autor sostiene que la culpa del sobreviviente puede ser una forma de honrar la muerte de los demás y de no olvidarlos; sin embargo, sobrellevar esta culpa no significa que la persona no olvide a aquellos que murieron: significa que la persona examine su responsabilidad en los eventos de manera realista y honesta, y deje de utilizar métodos destructivos de castigo. Una forma de sanar esta culpa es a través del proceso de duelo de estas pérdidas. Matsakis describe un proceso de siete pasos que ayudan a la víctima a recuperarse de la culpa del sobreviviente: 1) el paciente debe recordar lo sucedido; 2) debe separar la culpa de otras emociones; 3) debe revisar el rol que tuvo antes, durante y después del trauma, atendiendo a los errores cognoscitivos y a las emociones irracionales; 4) contrarrestar la culpa y la vergüenza a través de nuevas verbalizaciones acerca de sí mismo, basadas en una verdadera responsabilidad; 5) aceptar la culpa por lo sucedido; 6) examinar las consecuencias de la culpa sobre la autoestima, la salud física, las emociones y la vida en general; y 7) realizar un compromiso de ser honesto acerca de la culpa y de tomar las acciones necesarias para darle a ésta un uso positivo.

Foa, Hembree y Rothbaum (2007) recomiendan que en los casos de TEPT en los que la culpa sea una emoción primaria, se dedique suficiente tiempo a su manejo. La exposición en imaginación ayuda a que el paciente vea el trauma en su contexto y junto con el procesamiento emocional, ponga el evento en una perspectiva realista.

6.2. Ira

Se define como una emoción que advierte amenaza o peligro y prepara al individuo para actuar y enfrentar la situación. La ira tiene dos componentes: la emoción como tal y la expresión o manifestación de ésta. Es importante que el paciente con TEPT comprenda que la emoción se puede experimentar; sin embargo, su manifestación puede ser inapropiada. El descontrol se presenta en la forma como se expresa la rabia y no en el hecho de experimentar la emoción. La ira, como las demás reacciones emocionales, tiene una corta duración y es pasajera. Los pacientes con TEPT pueden tener mayor o menor facilidad para reaccionar con ira; sin embargo, una gran parte de estas víctimas experimenta sensaciones de esta emoción. Cuando se asocia la rabia con el trauma, las explosiones suelen ser desproporcionadas ante los eventos provocadores y por lo general sus manifestaciones tienen efectos negativos tanto para el paciente como para los demás, pues se afectan las relaciones interpersonales, se crean conflictos, el paciente se comporta de manera impulsiva, genera culpa, sentimientos de frustración y depresión, y tiene efectos negativos sobre la autoimagen.

La investigación clínica ha demostrado la relevancia de la ira en pacientes con TEPT. En varios estudios con veteranos de guerra con TEPT se encontró mayor hostilidad y agresión hacia compañeros, que en combatientes sin TEPT (Byrne y Riggs, 1996; Carroll et ál., 1985). La ira se considera como una característica sobresaliente de los síntomas de activación del TEPT: algunos autores sostienen que el TEPT implica algo más que un trastorno basado en la emoción de miedo y que los recuerdos traumáticos y la evitación pueden activarse por emociones intensas diferentes al miedo (Resick y Schnicke, 1992). La identificación de la ira como una reacción al trauma surgió de los estudios con veteranos; sin embargo, ha continuado emergiendo en las investigaciones con otras poblaciones. Krupnick y Horowitz (1981) encontraron que la ira era el tema principal en sus grupos de estudio de duelo y lesiones personales severas, al evidenciarse reacciones hostiles de ira en la fase temprana de duelo hacia personas específicas. A pesar de la alta incidencia de la ira en pacientes con TEPT, esta emoción no ha recibido la importancia que merece en el tratamiento de este trastorno. En un estudio realizado por Riggs et ál. (1992), la ira fue un elemento central del TEPT en pacientes femeninas víctimas de crimen violento y asalto sexual. Estos autores especularon que la ira intensa interfiere con la recuperación del trauma, porque puede bloquear la modificación de los recuerdos traumáticos debido a que se sobrepone con las estructuras de temor.

Novaco y Chemtob (1998) describen el tratamiento cognitivo conductual de la ira e incluyen los siguientes componentes dentro de la intervención: 1) educación del paciente acerca de la ira, el estrés y la agresión; 2) automonitoreo de la frecuencia, la intensidad y los disparadores situacionales; 3) construcción de una jerarquía personal de provocación de ira; 4) técnicas de reducción de la activación en relajación muscular profunda, entrenamiento en respiración y entrenamiento en imaginería guiada; 5) reestructuración cognitiva mediante la alteración del foco de atención y las verbalizaciones, así como el empleo de autoinstrucciones; 6) entrenamiento en habilidades de comunicación y asertividad; y 7) práctica de las habilidades de afrontamiento cognitivas, de regulación emocional y conductuales en situaciones que evocan ira.

Estos autores sostienen que en el manejo de la ira el terapeuta ayuda al paciente a monitorear las cogniciones que presenta cuando se siente amenazado y que inducen los episodios de ira; a identificar las señales de activación, incluyendo su intensidad y duración; a reconocer el rol que tiene la ira, tanto como respuesta al peligro, como también a conductas que generan temor a otros, y finalmente a distinguir entre acciones impulsivas y respuestas controladas.

6.2.1. *Factores que influyen en la ira*

La ira como otro aspecto de la reacción emocional del TEPT, depende de otros factores que se describen a continuación.

6.2.1.1. Evento traumático

El trauma por naturaleza tiene la capacidad de generar ira, pues la persona no puede encontrar una explicación y el significado del evento, ya que éste generó un daño irreparable de lesión, dolor o muerte. Foa et ál. (2007) sostienen que mientras la ira puede dirigirse hacia la causa específica del trauma, también puede dispararse ante la presencia de personas que de alguna manera recuerden al paciente el evento. La ira puede dirigirse también hacia personas significativas en la vida del paciente, como amigos, pareja, hijos, etcétera.

6.2.1.2. Procesamiento cognoscitivo

Las creencias acerca del evento traumático (autorreproche, culpa), y las creencias sobregeneralizadas que tiene el paciente acerca de sí mismo y del mundo (seguridad, confianza, control, estima, intimidad), tienden por una parte a mantener los síntomas del TEPT, y por otra a generar emociones secundarias de ira, culpa y vergüenza. Asimismo, ideas relacionadas con aspectos morales y valores de justicia e injusticia, castigo, venganza, etcétera, desempeñan un papel central en el mantenimiento de la ira en el TEPT.

Castro (1993) sostiene que la ira se relaciona con ideas irracionales o con expectativas poco realistas. Ideas de perfeccionismo o de que hay una única manera correcta de pensar, o de que todo el mundo "debería" pensar de la misma forma, hacen que el paciente culpabilice a los demás por percibir el mundo de manera diferente. Igualmente, la idea de que "todo debe estar bajo control" hace que se desarrollen sentimientos de frustración y rabia. Según este autor, existen dos tipos de errores cognoscitivos que tienden a estar más asociados con reacciones de ira: 1) la idea de que las personas "deberían" comportarse de determinada manera, hace que se culpe y responsabilice a otros por los eventos que suceden y causa sentimientos de impotencia y frustración. En el caso de ira es necesario que el paciente diferencie entre las situaciones que están bajo su control y las que no lo están; el pensamiento de los "deberían" indica que la persona no tiene control. Esto genera reacciones emocionales de desesperanza, debido a que no se tiene ninguna respuesta eficaz para modificar la situación problemática. En el caso de tener control, la persona está en capacidad de emitir una conducta capaz de cambiar o modificar la situación e iniciar un proceso de solución de problemas; 2) la personalización y las malas interpretaciones. Esta idea considera que la persona tiene claras intenciones de hacer sufrir a los demás, en este caso se utilizan autoverbalizaciones del tipo: "¿cómo es posible que me hagan esto?", "estoy seguro de que eso lo hace para herirme" o "no hay derecho a que haga precisamente eso cuando sabe que a mí me molesta". En todos estos casos la persona está "leyendo la mente" de las demás y "conociendo sus malas intenciones".

6.2.1.3. Autoverbalizaciones del paciente

Como se vio anteriormente, verbalizaciones de tipo "¿cómo es posible que...?", "no hay derecho a que..." o "es el colmo que...", tienden a generar ira. A medida que se mantenga ese proceso verbal, la ira escala y el ciclo se retroalimenta producido una mayor reacción emocional. En la intervención del TEPT es importante tener en cuenta el diálogo que mantiene el paciente, debido a que constituye un factor de mantenimiento de los episodios de rabia.

6.2.1.4. Carencia de habilidades

En otras ocasiones, la ira se genera porque el paciente no tiene habilidades y no sabe cómo responder ante ciertas demandas. El TEPT afecta el nivel de funcionamiento de las personas, lo que se puede acentuar aún más por la falta de habilidades de regulación emocional, comunicación, asertivas, de solución de problemas, etcétera.

Para resumir, la ira como una reacción secundaria del TEPT, tiene un ciclo en el cual se retroalimentan varios elementos. Como primera medida, el evento traumático afecta el procesamiento cognoscitivo y el sistema de creencias del individuo, que a su vez favorecen la acumulación de reacciones emocionales negativas. En segundo lugar, se sobreestima la importancia de cualquier evento como detonante de la ira, lo cual lleva a un tercer punto en el cual se interpreta el evento en función de estas ideas y expectativas irracionales, o se interpretan los síntomas físicos del TEPT como señales de peligro, lo que lleva a un cuarto paso en el que se experimenta la emoción. Las verbalizaciones negativas y la carencia de habilidades incrementan la ira, hasta el punto en que se presenta la explosión emocional, con sus respectivas consecuencias sobre el paciente y su entorno. Posteriormente aparecen sentimientos de culpa que conducen a una sensación general de depresión y de falta de control.

6.2.2. *Expresión de la ira*

Como se vio anteriormente, el comportamiento del paciente con ira tiene que ver con un proceso que implica varias alternativas. Si se escoge la alternativa inapropiada, la ira puede conducir a conductas de autolesión, depresión, desesperanza y más explosiones. La expresión de la ira se da en un continuo que va desde una respuesta pasiva, hasta una respuesta agresiva o impulsiva de rabia profunda.

6.2.2.1. Ira encubada o acumulada

La ira que no se expresa se acumula y se mantiene por las verbalizaciones negativas vistas anteriormente. La ira se acumula gradualmente hasta llegar a convertirse en explosiva; en este caso, la emoción no se presenta ante una situación particular sino ante la acumulación de situaciones, en las que no se han expresado adecuadamente los sentimientos negativos. La ira se mueve en un continuo que va desde un extremo de pasividad, en el cual la persona adopta una conducta que facilita que los demás abusen de sus derechos, no defiende sus intereses personales y complace a los demás por encima de sí misma, hasta un extremo de agresión, pasando por el punto medio de la conducta asertiva.

6.2.2.2. Ira aguda o explosiva

Esta ira es momentánea, se desencadena por una situación específica y es de aparición rápida y automática. En la ira aguda no alcanza a haber conciencia de la situación; por el contrario, se presenta una reacción inmediata de explosión, que se da antes de que el pensamiento tenga lugar. Desafortunadamente, la expresión se da de manera violenta a nivel verbal o físico, lo cual alimenta la ira haciéndola crecer desproporcionadamente y generando un ciclo de retroalimentación entre la emoción y su manifestación.

6.2.3. *Ira y trauma*

La irritabilidad y las explosiones de ira son otros síntomas de activación que experimentan muchos sobrevivientes de trauma. La ira es una consecuencia del trauma; es decir, víctimas de eventos traumáticos generalmente focalizan sus emociones hacia otras personas, eventos o circunstancias. Cuando se presenta un evento traumático y no existe una explicación que tenga sentido o dé cuenta de lo sucedido, surge la ira, que cubre otras emociones como el miedo, el dolor, la culpa y la vergüenza. En estos casos las explosiones de ira posteriores al trauma son desproporcionales a la situación que las genera. Estas explosiones son rápidas y pueden generar síntomas físicos como presión alta, dolores de cabeza, dolores musculares, etcétera. En el postrauma la ira y la depresión pueden ser las emociones centrales que el individuo experimenta, especialmente cuando ha muerto un ser querido. En otros casos, la víctima puede tener pensamientos de venganza, lo cual hace que la emoción sea más destructiva aumentando la reacción de ira y consumiendo por tanto gran parte de su energía.

6.2.3.1. Canalización de la ira en casos de trauma

Williams y Poijula (2002) sostienen que los pacientes con ira en contextos de TEPT canalizan su emoción hacia: 1) el victimario en caso de ser conocido (especialmente si esta persona debía cuidar, amar y proteger a la víctima, como en algunos casos de violación, incesto o abuso sexual, la ira se puede tornar en furia); 2) otras personas que hayan sobrevivido al evento; 3) personas a las que la víctima culpa por lo sucedido (por ejemplo el sistema de justicia, abogados, compañías de seguros, médicos, otras personas, etcétera); 4) eventos normales que generan frustración; 5) hacia sí mismo por algo que hizo o no durante el evento, especialmente si se culpa por lo sucedido o por las reacciones físicas que presenta; 6) las limitaciones físicas o discapacidades causadas por el evento traumático; y 7) la falta de entendimiento por parte de las personas que rodean a la víctima.

Novaco y Chembtob (1998) sostienen que dado que la ira es frecuente en pacientes que han experimentado experiencias traumáticas y que ésta se asocia con complicaciones en el ajuste personal, se debe considerar la investigación sistemática de la evaluación y el tratamiento de esta emoción en caso de TEPT. La naturaleza de la relación entre el TEPT y los componentes dimensionales de la ira (por ejemplo, cognitivo, fisiológico y conductual) deben examinarse, debido a que los pacientes con ira y TEPT severo pueden beneficiarse del tratamiento e incrementar sus habilidades de regulación de ira.

6.3. Duelo en el trastorno de estrés postraumático

Williams y Poijula (2002) sostienen que el TEPT generalmente incluye pérdida. La pérdida de un ser querido constituye un evento estresante y éste puede ser aún más intenso si ocurre en un contexto traumático. En caso de pérdida en el TEPT, el duelo puede seguir un proceso normal o puede convertirse en un duelo traumático, en el que las reacciones del trauma interfieren con la habilidad de la persona para hacer un proceso de duelo normal. Ambas condiciones comparten reacciones emocionales, físicas, conductuales y cognoscitivas. Sin embargo, también existen diferencias entre estos estados, los cuales deben tenerse en cuenta para el proceso de intervención.

6.3.1. *Duelo normal*

El duelo describe una reacción emocional ante la pérdida de un ser querido que incluye: 1) reacciones emocionales de tristeza, rabia, ansiedad, entumecimiento, soledad, culpa, inseguridad y remordimiento; 2) cambios conductuales como falta de interés en actividades, conductas agresivas, irritabilidad y conflicto con los demás, impulsividad, dificultades para mantener o conciliar el sueño, cambios de apetito y en general en la salud física; 3) cambios en las interacciones interpersonales como aislamiento social, falta de interés en los demás y dificultades para compartir recuerdos; 4) percepciones alteradas como creer que la persona fallecida está aún presente, escuchar su voz, experimentar sueños vívidos con el fallecido; y 5) reacciones físicas como baja de defensas, susceptibilidad a enfermarse, pérdida de energía, fatiga y cambios en la activación fisiológica (aumento de la tasa cardíaca, respiratoria, respuesta de sobresalto) (Goodman et ál., 2004).

Ante el luto, es frecuente que las personas experimenten un sentido de negación inmediato. A pesar de que la muerte haya sido esperada, la pérdida de un ser cercano es una experiencia emocional fuerte, en la que se presenta un período variable de emociones intensas de tristeza, culpa, ira o miedo. Con frecuencia, los pensamientos e imágenes del fallecido inundan la mente de la víctima. Para la mayoría de las personas, hay un período de retraimiento, lejos de las rutinas diarias; posteriormente, el duelo progresa de manera natural hasta llegar a una fase de integración y aceptación que se facilita a través de experiencias de significado o actividades y emociones positivas de optimismo, compasión, aceptación y perdón (Shear y Frank, 2006).

Con la muerte no sólo se pierde a la persona, sino también se pierden otras condiciones asociadas (por ejemplo finanzas, compañía, seguridad, sueños futuros, etcétera); estas pérdidas secundarias deben considerarse en la recuperación y aceptación, pues también hacen parte del proceso de duelo.

6.3.2. *Duelo traumático*

La pérdida de un ser querido es una experiencia triste y dolorosa para la gran mayoría de las personas. Sin embargo, cuando ocurre como resultado de un evento traumático o cuando la persona experimenta la muerte de forma traumática, se presentan simultáneamente síntomas de trauma y duelo. Mientras que el duelo y el trauma pueden surgir de diferentes circunstancias, un único evento puede causar ambas condiciones. El trauma se puede conceptualizar como un revestimiento del proceso de duelo, que interfiere con el entendimiento y la aceptación de la realidad de la muerte (Ambrose, 2000). Por su parte, Goodman et ál. (2004) sostienen que el duelo traumático es una respuesta intensa que surge de la muerte de un ser querido. Este duelo es diferente e interfiere con el proceso de luto normal, debido a que las víctimas experimentan la causa de la muerte como un evento horrendo y terrorífico, lo cual genera reacciones de TEPT, en el que los pacientes quedan anclados en los aspectos traumáticos de la muerte y no proceden con el proceso normal de luto. Se presentan recuerdos violentos e intrusivos de la muerte que interfieren con el proceso de duelo, en los cuales toman prioridad las respuestas emocionales del TEPT como única forma de controlar la carga de dolor emocional, lo cual impide que el paciente se concentre en la expresión "normal" del duelo. Algunos factores que inciden en que se prolongue el duelo o en que se torne en uno traumático tienen que ver con las características de la muerte, la relación con la persona fallecida, las vulnerabilidades particulares del sobreviviente (que incluyen su estado de salud mental antes del trauma), la red de apoyo familiar y social con que cuenta el individuo y otras crisis que puedan surgir después del fallecimiento (Ambrose, 2000).

En personas con duelo traumático el evento de muerte, por ocurrir de manera sorpresiva, inesperada, rápida y violenta, constituye un trauma psicológico que genera reacciones similares al TEPT. Muertes brutales, grotescas, suicidios, homicidios, pérdida de un hijo, generalmente generan duelo traumático (Rando, 1998). La naturaleza de la muerte o las circunstancias que rodearon el evento constituyen un factor determinante. El duelo se centra en los recuerdos de la pérdida, hay sentimientos como si la pérdida hubiese sido reciente; a pesar de que han transcurrido varios meses o incluso años desde el evento, la persona se siente lejana de los demás y es incapaz de experimentar satisfacción o interés en las actividades diarias. Otro aspecto del duelo traumático es la presencia de sentimientos de irritabilidad e ira. Lindemann (1944) realizó un análisis sobre duelo agudo y encontró estas emociones, así como una pérdida en la calidez de las relaciones interpersonales. Este autor describió las reacciones hostiles que tienen los pacientes con duelo como sorprendentes, inexplicables y molestas para ellos mismos.

En síntesis, el duelo traumático incluye además de las reacciones de luto normal vistas anteriormente, otras características descritas por Shaer y Frank (2006): 1) síntomas y reacciones presentes durante los dos meses posteriores al evento; 2) preocupaciones intrusivas acerca de la muerte (se presentan a través de sueños y sentimientos de culpa acerca de la forma como murió la persona); 3) pensamientos intrusivos de la manera traumática como falleció, o pensamientos e imágenes acerca de la persona ausente; 4) evitación y entumecimiento que se expresan por asilamiento, evitación de recuerdos de la persona o de los eventos que condujeron a su muerte; 5) síntomas físicos o emocionales que incluyen irritabilidad, ira (acerca de lo injusto de la muerte), insomnio, falta de concentración, dolores de cabeza, aumento en la vigilancia, temor acerca de la seguridad propia y de los demás; 6) angustia por separación caracterizada por sentimientos de añoranza intensos, acompañados por un deseo extremo de permanecer cerca o en proximidad con las pertenencias del fallecido; 7) deterioro en el funcionamiento social y laboral; y 8) sentimientos banales acerca del futuro y una visión quebrantada del mundo.

Con respecto al curso del duelo, Bonanno et ál. (1995) reportan que emociones intensas en la fase temprana del duelo se asocian a un incremento y no a un decremento de la probabilidad de padecer de duelo persistente. Asimismo, Bonanno y Keltner (1997) sostienen que la expresión de emociones positivas en la fase de duelo temprano se asocia con un mejor pronóstico de recuperación del duelo.

Shear y Frank (2006) desarrollaron un procedimiento estructurado para sobrellevar el duelo en situaciones traumáticas que consiste en ayudar a la persona a ajustarse a la pérdida, lo cual requiere que el paciente llegue a tener una visión del mundo que incluye gratificación, a pesar de la ausencia física de la persona fallecida. El terapeuta ayuda al paciente a restablecer el interés y las relaciones tomando la posición de que la relación con la persona fallecida está permanente en la memoria, en un proceso vivo y dinámico. Para Neimeyer (2001) la persona amada va a permanecer "viviendo" en los demás, a pesar de haber fallecido, y va a influir sobre sus vidas para siempre, de manera que el objetivo es ayudar al paciente a vivir plenamente de nuevo "acompañado" por la persona fallecida viva en su memoria.

El manejo del duelo se hace de forma similar al procedimiento desarrollado por Foa et ál. (1995) en víctimas de violación y otros tipos de trauma, en el que el paciente se expone al relato de la muerte una y otra vez, hasta llegar a centrarse en los momentos de mayor dolor emocional. Shear y Frank (2006) sostienen que los ejercicios iniciales de exposición son generalmente temidos e intensamente dolorosos, sin embargo, la repetición conlleva a una disminución del miedo y de otras emociones; igualmente aumenta la percepción de control de los recuerdos y fortalece las respuestas de afrontamiento bajo condiciones de estrés. Este proceso facilita la aceptación de la muerte y el manejo de creencias específicas de culpa, ira, vergüenza y temor. Otro componente del manejo del duelo es el trabajo en el establecimiento de metas personales. La motivación para continuar viviendo puede ser un problema para individuos con duelo traumático, por eso es de vital importancia que el paciente considere las actividades que haría si no estuviera en la situación de duelo y a partir de este análisis iniciar gradualmente el establecimiento de metas.

6.4. Aceptación del trauma

Un componente central del tratamiento del TEPT es lograr que la víctima llegue a un proceso de aceptación del trauma. Tedeschi, Park y Calhoun (1998) reconocen que el crecimiento personal se dé cuando el trauma no constituye un presente incomprensible, sino que, por el contrario, cuando es parte comprensible del pasado. Con frecuencia las víctimas piensan que sanar implica olvidar o tratar de evitar pensar en traumas pasados, por lo que los pacientes pueden tratar de evitar experiencias emocionales, psicológicas o físicas asociadas con el evento. Sin embargo, la aceptación implica dar cabida a estos recuerdos, sentimientos y pensamientos, experimentarlos directamente e incluirlos como parte de una vida completa y valiosa (Walter y Hayes, 2006). La terapia de aceptación y compromiso (ACT, Hayes, Strosahl y Wilson, 1999) se basa en la idea de que el sufrimiento no surge por el dolor emocional, sino por los intentos que hace el paciente por evitar este dolor. La meta es ayudar a las víctimas a permanecer abiertas emocionalmente y dispuestas a tener experiencias internas emocionales, mientras se les reitera no centrar la atención en la evitación y en el escape del dolor, sino en vivir una vida plena, con un propósito.

La ACT pretende que el paciente reconozca que la evitación del dolor emocional no tiene efecto y es contraproducente, debido a que todos los intentos que ha realizado para evitarlo no han sido exitosos y que nunca lo serán para eliminar completamente el dolor de su vida. Asimismo, a través de la ACT, el paciente logra tomar distancia de su proceso cognoscitivo y de no aceptar sus pensamientos como verdades absolutas. Con frecuencia las víctimas del TEPT tienden a pensar que son malos individuos o que esa experiencia los ha "dañado" o "roto en su interior". A pesar de que estos pensamientos se *sienten* como verdaderos, son sólo pensamientos y no constituyen un reflejo de lo que son en realidad. Otro objetivo de la ACT es lograr que el paciente deje de pelear, controlar o evitar pensamientos y emociones y, por el contrario, los acepte como tales y no como "cree" que son (por ejemplo, malo o peligroso).

En el TEPT las conductas de evitación que realiza el paciente consumen una gran cantidad de energía y evitan que se comprometa a vivir plenamente una vida gratificante. Un componente central de la ACT es identificar áreas y metas importantes del paciente y lograr que se comprometa en actividades consistentes con estas metas, a pesar de las emociones y los pensamientos que surjan durante el proceso. Por ejemplo, una víctima de violación puede experimentar miedo o ansiedad para establecer relaciones, a pesar de que su meta es tener cercanía e intimidad emocional. La ACT enseña a la paciente a emitir conductas consistentes con esos valores (por ejemplo reencontrarse con un viejo amigo), mientras permanece en un proceso de apertura emocional, dispuesta a experimentar las emociones que surjan. Cuando la ansiedad no se evita, hay menor probabilidad que interfiera en la consecución de una vida plena.

VII. Protocolo para la intervención del trastorno de estrés postraumático

El protocolo de intervención propuesto para el trastorno de estrés postraumático (TEPT) consta de doce sesiones llevadas a cabo en ocho módulos de terapia cognitiva-conductual, con una duración de dos horas cada una, realizadas dos veces por semana. En cada sesión se asigna un autorregistro o tarea conductual, que pretende consolidar el aprendizaje de las habilidades adquiridas en el manejo del TEPT y el cual se revisa al inicio de cada sesión. El objetivo es ayudar a las víctimas de eventos traumáticos a manejar los síntomas y consecuencias generadas por el trauma. Va dirigido a personas que han sido expuestas directa o indirectamente a estos eventos y que presentan reacciones físicas, cognitivas, conductuales y emocionales que inciden y repercuten en el funcionamiento de la persona. Consta de un componente educativo que suministra información al paciente sobre el TEPT y sus consecuencias, y de la enseñanza y la práctica de diversas estrategias cognitivo-conductuales que permitan disminuir o eliminar los síntomas del TEPT, lo que va a permitir que el paciente tenga control sobre sus reacciones y cuente con estrategias de afrontamiento en situaciones futuras. El protocolo puede aplicarse tanto individualmente como en grupo.

7.1. Módulo 1. Psicoeducación: una sesión

Los objetivos de la sesión 1 son explicar la naturaleza del TEPT y en caso de trabajar en grupo, de describir las ventajas de un trabajo grupal (las experiencias de otras personas pueden ser de utilidad para el entendimiento de la propia problemática). El terapeuta aclara que el trabajo grupal facilita superar problemas individuales en presencia de personas que también han sido víctimas de eventos traumáticos.

La terapia se inicia con la información sobre la conceptualización del modelo cognitivo-conductual como alternativa de intervención del TEPT. Se brinda información sobre las características, síntomas y reacciones del TEPT. El terapeuta ayuda a los pacientes a identificar las manifestaciones que presentan a nivel fisiológico, cognoscitivo, conductual y emocional, enfatizando en que son reacciones normales que se experimentan ante un suceso anormal, como es el evento traumático.

Se introduce el concepto de 'estrés postraumático' como un trastorno de ansiedad que se presenta como consecuencia de la experiencia de una situación traumática. Se destaca que independientemente del tipo de evento, los traumas producen miedo, terror, desesperanza y son impredecibles e incontrolables. Se resalta que el TEPT se presenta no sólo por haber sido víctima de una experiencia traumática, sino también por haber sido testigo de un acontecimiento horrendo, o tener conocimiento de amenaza de muerte o lesión a personas cercanas.

A partir de esta explicación se procede a analizar los síntomas que el paciente presenta a nivel físico, cognoscitivo, conductual y emocional. Se utiliza el registro de canales de respuesta (anexo A), y se enfatiza en el hecho de que ante el TEPT es normal que la víctima presente síntomas y que éstos constituyen *respuestas normales que se presentan ante eventos anormales*, esto con el fin de que el paciente comprenda y normalice los síntomas como un paso previo a la intervención.

El terapeuta explica que el trauma constituye un choque emocional, que se recuerda a través del contacto con estímulos, personas o situaciones que recuerdan o se asemejan al evento traumático. A pesar de que cada persona responde de una manera particular, son frecuentes reacciones fisiológicas de sobresalto, dificultad para dormir, aumento en la presión arterial, alta sensibilidad al ruido, dolor, tacto y temperatura. El paciente permanece en constante alerta, listo para responder de forma inmediata ante cualquier ataque, cognoscitivamente se percibe el mundo como un lugar peligroso y se mantiene en estado de alerta permanente. Se aclara que este estado es adaptativo en situaciones de peligro, pero empieza a ser inapropiado cuando es constante y se presenta cuando no hay peligro aparente, lo cual genera malestar e incomodidad. También se presentan dificultades para concentrarse, para solucionar problemas y dificultades de memoria, especialmente a corto plazo. Esta experiencia conduce a que el paciente no tenga control sobre su mente y crea estar enloqueciendo, encontrando dificultad en pensar en situaciones que no sean negativas y sintiéndose incapaz de volver a sentir felicidad o tener experiencias agradables. Conductualmente se presentan movimientos agitados y temblores, se reacciona de manera inmediata ante nuevas estimulaciones, se presentan dificultades para conciliar el sueño y se evitan actividades y personas relacionadas con el trauma. En ocasiones el deseo de evitar recuerdos y sentimientos del trauma es tan intenso que el paciente puede olvidar aspectos importantes del evento. Se pueden presentar sensaciones de entumecimiento, vacío o alejamiento del entorno, así como pérdida de interés por actividades que anteriormente eran placenteras; el paciente siente que la vida no tiene sentido y los planes hacia el futuro dejan de ser relevantes. Se presentan emociones de irritabilidad, ira, culpa, vergüenza y depresión. Las relaciones interpersonales se pueden ver afectadas después de una experiencia traumática, así como el interés por el aspecto afectivo y sexual. Por último, algunas personas aumentan el uso de alcohol u otras sustancias después del trauma.

En esta sesión el terapeuta explica que en el TEPT hay estímulos y situaciones que tienen la capacidad de revivir el trauma. Un aspecto importante del trastorno es que el evento traumático se revive una y otra vez, lo cual genera en la víctima desesperanza y la idea de que los síntomas son incontrolables. La reexperimentación puede presentarse a través de recuerdos, imágenes, pensamientos o percepciones; también en sueños y pesadillas, o a través de *flashbacks*, que son recuerdos rápidos y vívidos del trauma acompañados de una fuerte emoción, y se refieren a apartes o segmentos de la situación traumática a nivel visual o auditivo, o hacen referencia a recuerdos que se presentan en los sistemas de respuesta física (por ejemplo dolor), emocional (ira que surge sin razón aparente), motor (reaccionando de manera similar a la que se presentó durante el evento traumático). Un aspecto central del tratamiento es el concepto de evitación, ya que sirve de base para explicar la importancia de la exposición como estrategia terapéutica del TEPT. Foa, Hembree y Rothbaum (2007) sostienen que existen dos maneras como los pacientes evitan los recuerdos del trauma: la primera mediante la evitación de recuerdos, pensamientos y sentimientos del trauma; la segunda a través de respuestas de escape y evitación de situaciones, lugares, personas y objetos que generan malestar y miedo por ser similares o recordar el trauma.

Se le pide al paciente que describa el comportamiento que ha asumido desde el evento traumático y las respuestas de escape y evitación que ha emitido, con el fin de que perciba cómo a través de la evitación logra reducir a nivel inmediato su reacción emocional. Sin embargo, esta estrategia no tiene efecto duradero sobre las respuestas, sino que, por el contrario, cumple con la función de mantener los síntomas del TEPT. El terapeuta reitera que la estrategia de intervención más efectiva para reducir el malestar y controlar los síntomas es a través de la exposición a situaciones y reacciones que evocan el evento traumático, por lo cual se espera que inicialmente haya malestar emocional, el cual irá disminuyendo a medida que el paciente se exponga y procese emocionalmente el trauma.

Las reacciones del TEPT se pueden desencadenar tanto por estímulos externos (por ejemplo: cosas, objetos, lugares, personas, etcétera, que recuerdan o evocan el trauma), como por eventos internos como son las mismas reacciones físicas o los pensamientos y recuerdos. Se aclara que las sesiones del protocolo están dirigidas a procesar emocionalmente el trauma, para lo cual es necesario que el componente de evitación se suspenda.

Foa, Hembree y Rothbaum (2007) sostienen que un componente central de cualquier terapia es una fuerte alianza terapéutica. En casos de TEPT es necesario reconocer el coraje del paciente para iniciar una terapia diseñada para enfrentar el temor. El terapeuta debe mantener una posición cómoda y libre de juicios de valor cuando el paciente describe su experiencia traumática; igualmente debe demostrar conocimiento y experticia acerca del TEPT y del tratamiento. Finalmente en todo el proceso terapéutico debe acompañar, motivar y reforzar al paciente.

Esta sesión finaliza con un resumen del tratamiento del TEPT, resaltando la importancia de la intervención a nivel de los multicomponentes de respuesta. Se aclara que cada sesión del protocolo va a abordar cada uno de los efectos del TEPT, y finalmente se enfatiza en la importancia del monitoreo y autorregistro de síntomas y reacciones emocionales, y se deja la tarea de monitorear las respuesta, a través del registro de canales de respuesta de estrés postraumático (anexo A).

7.2. Módulo 2. Regulación emocional I: una sesión

Las víctimas de TEPT con frecuencia experimentan altos niveles de ansiedad y activación. También describen respuestas emocionales negativas ante estímulos y recuerdos del evento. Se presentan sueños y pesadillas relacionados con el trauma, así como otros síntomas intrusivos vistos en la sesión pasada.

El objetivo de la sesión 2 es que el paciente se autorregule emocionalmente, a través de un entrenamiento en respiración diafragmática que permite que se restablezca una respiración normal y se oxigene adecuadamente el cerebro, lo cual va a generar un efecto de calma en el organismo y en el sistema nervioso autónomo. Inicialmente el entrenamiento pretende que a través de ejercicios guiados el paciente regule las respuestas de estrés ante el trauma. Sin embargo, una vez el paciente ha adquirido la técnica, la función de la respiración no es reducir el miedo y la ansiedad, sino que el paciente aprenda a tolerar estos síntomas. La respiración puede convertirse en un método de evitación de síntomas físicos del TEPT o puede tornarse en una conducta de seguridad que el paciente emite ante situaciones en las que debería experimentar completamente los síntomas de ansiedad (por ejemplo, en las sesiones de exposición en imaginación y en vivo).

Se enfatiza en el concepto de ansiedad en términos fisiológicos y en el papel que desempeña la respiración en el mantenimiento de las respuestas de ansiedad. El terapeuta explica que un control eficiente de las reacciones fisiológicas corporales depende del balance apropiado entre oxígeno y bióxido de carbón (CO_2). Al inhalar el cuerpo toma oxígeno, que es recogido por la hemoglobina y llevado alrededor del cuerpo para ser utilizado por las células, las cuales lo utilizan y desechan el CO_2, el oxígeno vuelve a la sangre y a los pulmones y el proceso termina al exhalar.

A pesar de que la respiración es algo común, las personas por lo general no lo hacen de modo natural, sino que hacen una respiración rápida y corta, en la que no se toma el suficiente oxígeno, debido a que se inhala a través de los músculos del tórax y no del diafragma. Cuando se respira con el tórax se tiende a hiperventilar, es decir, a respirar con un ritmo y profundidad exagerados para las necesidades del cuerpo en ese momento. A pesar de que la mayoría de mecanismos del cuerpo son controlados químicamente, la respiración tiene la característica especial de controlarse voluntariamente. Cuando se hiperventila se lleva a cabo un proceso de vasoconstricción y una disminución de la cantidad de sangre que sube al cerebro y que irriga los tejidos. Esto hace que se generen dos reacciones físicas importantes: por una parte, se produce un grupo de síntomas causados por la reducción de oxígeno en ciertas partes del cerebro (mareo, confusión, falta de aire y visión borrosa); por otra, la reducción de oxígeno en otras partes del cuerpo produce un aumento del ritmo cardíaco, entumecimiento, hormigueo de las extremidades y a veces rigidez muscular. Adicionalmente la hiperventilación tiene otros efectos como enrojecimiento, calor, sudoración y cansancio. Las personas que hiperventilan respiran desde el pecho y no desde el diafragma, lo que puede generar presión o dolor en el pecho, y suspiros y bostezos constantes.

El objetivo del entrenamiento en respiración diafragmática es enseñar a los pacientes a llenar completamente los pulmones de aire, pues por lo general sólo se llena la parte superior del tórax al respirar. El terapeuta explica que en la respiración diafragmática un músculo llamado diafragma (el cual separa el tórax del abdomen) se vuelve muy activo al inspirar. Este músculo en reposo tiene forma de arco y cambia a una forma casi plana cuando se contrae, lo cual hace que la cavidad del tórax aumente su volumen, permitiendo tomar más aire y llenar los pulmones.

7.2.1. *Entrenamiento en respiración diafragmática*

En el entrenamiento en respiración diafragmática el paciente debe: 1) aprender a respirar a través del diafragma; y 2) estar atento a la respiración. Se aclara que una gran parte de la población hiperventila de manera crónica, es decir, que respira incorrectamente de manera natural. Se pide al paciente concentrarse en la respiración mientras realiza la práctica y se le instruye para que cuente cada inspiración y se diga mentalmente la palabra "calma", a medida que expulsa el aire. El entrenamiento consta de los siguientes pasos:

1. El paciente se tiende en el piso sobre un tapete o colchoneta. Estira las piernas y las separa ligeramente, los brazos a los lados del cuerpo sin tocarlo, las palmas de las manos hacia arriba y los ojos cerrados.

2. Se pide que centre su atención en la respiración, respirando siempre por la nariz y a su propia velocidad y ritmo.

3. Se modela la respiración. Se pone una mano sobre el tórax y la otra sobre el diafragma (parte superior del abdomen); se respira de manera que la mano que está sobre el abdomen se debe mover hacia fuera. Si el paciente mueve la mano superior, se le explica que está respirando de manera incorrecta, y se recuerda que el objetivo es lograr que la respiración se haga a través del diafragma y no del tórax. Se le pide que se fije en la mano que se encuentra sobre el área abdominal, es decir la mano de abajo y que ésta es la que debe sobresalir durante la inhalación.

4. Se pide al paciente que inhale por la nariz, lenta y profundamente, haciendo que llegue el aire hasta el abdomen y luego que exhale por la boca. Se repite el ejercicio varias veces, asegurando que lo realice correctamente. Se continúa el ejercicio durante unos minutos.

   El paciente debe contar sus inhalaciones como estrategia para aumentar la concentración. Se le instruye que cuente una a una sus inhalaciones, y en el momento de exhalar piense en una palabra positiva que le produzca bienestar (por ejemplo, "calma"). Se explica que debe pensar solamente en el conteo y en la palabra "calma". Se hacen varias repeticiones hasta cuando el paciente maneje la técnica. Se explica que durante el ejercicio es normal que vengan otros pensamientos a la mente y se resalta que el entrenamiento en respiración diafragmática no es una técnica fácil de aprender y que solamente a través de la práctica se adquiere la habilidad. La sesión termina con un repaso de los pasos de la respiración diafragmática y se deja el registro de práctica diaria del entrenamiento en respiración diafragmática (anexo B).

7.3. Módulo 3. Regulación emocional II: una sesión

El objetivo de la sesión 3 es que el paciente logre tener control sobre los síntomas intrusivos y de reexperimentación del TEPT, que se pueden presentar a través de imágenes, pensamientos y percepciones; sueños desagradables y recurrentes; conductas o sentimientos como si el evento estuviese ocurriendo mediante *flashbacks*, ilusiones, alucinaciones y episodios disociativos retrospectivos, los cuales generan miedo y desestabilización emocional. Estos síntomas hacen que el paciente reviva nuevamente el trauma y que con frecuencia no pueda separar la intrusión del momento presente, lo cual refuerza el impacto del trauma y afecta negativamente la percepción de control que tiene sobre su problemática.

7.3.1. *Entrenamiento en manejo de síntomas intrusivos y de reexperimentación*

Cuando el paciente manifiesta presentar síntomas intrusivos o de recuerdos del trauma que se presentan cada vez con mayor intensidad, es necesario que el terapeuta enseñe al paciente a controlar estas reacciones, debido a que su presencia puede afectar seriamente la adherencia al tratamiento y el posterior manejo de síntomas durante las sesiones de exposición. En este punto es necesario que el terapeuta reitere al paciente que el trauma no está ocurriendo en el presente. El entrenamiento pretende que el paciente adquiera un nivel de conciencia que le permita observar y procesar el trauma, mientras permanece en un ambiente seguro. Algunas de estas estrategias fueron desarrolladas por Briere y Scott (2006); Williams y Poijula (2002) en el manejo de víctimas que presentan *flashbacks* y otros síntomas intrusivos de TEPT.

1. El paciente debe centrar la atención en el presente (en el terapeuta o en la sesión) y no en los procesos internos que están ocurriendo. El terapeuta en su intento para llamar la atención del paciente puede acercarse, cambiar su tono de voz o tener un contacto físico leve.

2. El paciente debe describir las experiencias internas que está sintiendo de manera global. No es necesario que describa detalladamente los *flashbacks* o recuerdos, debido a que en ocasiones esto puede incrementar su intensidad.

3. El paciente debe centrar la atención en el ambiente inmediato externo. Esto implica que permanezca en un lugar seguro, en el aquí (en la sesión, con el terapeuta) y en el ahora (no en el pasado, reexperimentando el trauma). El paciente debe describir el consultorio, los aspectos del ambiente, concentrarse en la silla donde está sentado, en sus pies, parpadear varias veces, cambiar de posición, pisar el piso fuertemente, sostener algún objeto, aplaudir, etcétera. Estas actividades pretenden hacer que el paciente tome conciencia del presente.

4. Centrar la atención en la respiración, reiterando que se encuentra en un lugar seguro en el presente.

5. El paciente debe volver al paso 2, en el que se evalúa su capacidad para describir sus experiencias internas y retornar nuevamente al aquí y al ahora, a través de la descripción del ambiente externo.

6. El paciente debe realizar una lista de los estímulos que producen los *flashbacks* (por ejemplo, lo que observó, escuchó, olió, tocó, saboreó), estímulos relacionados con lugares y personas asociados al evento y de sentimientos desagradables generados por el trauma. Identificar estos antecedentes hace que el paciente tenga una mayor conciencia del trauma, lo cual le permite tener

control sobre estos antecedentes y sobre las reacciones físicas y emocionales que le generan.

7. Hacer que el paciente describa qué acciones puede realizar para tener un mejor control de sus reacciones, especialmente si se siente inseguro ante los *flashbacks*. El terapeuta reitera que los *flashbacks* son sólo recuerdos que no generan peligro, por lo cual es necesario que el paciente verbalice mensajes positivos, por ejemplo: "puedo sobrevivir o manejar estos síntomas", "puedo hacer algo diferente", etcétera.

La sesión finaliza reiterando nuevamente la idea de que los síntomas intrusivos no son peligrosos, que los *flashbacks* y otros síntomas de reexperimentación pueden controlarse y que a medida que se procesa el trauma, éstos irán disminuyendo.

7.4. Módulo 4. Control cognoscitivo: dos sesiones

Los objetivos de estas sesiones son ayudar al paciente a identificar y modificar los pensamientos irracionales o inadecuados y ver la relación que existe entre la cognición y la sintomatología del TEPT. El terapeuta explica que la exposición a un evento traumático no sólo repercute en el canal fisiológico y motor, sino que altera de forma significativa el proceso cognoscitivo, es decir, que altera la forma como se razona y se piensa. Cuando el recuerdo del evento traumático persiste y es reexperimentado genera recuerdos desagradables e intrusivos, ya sea por medio de imágenes, pensamientos o percepciones *(flashbacks)*, los cuales afectan el estado emocional. En el TEPT el proceso cognitivo conlleva a una disminución de la concentración y de la atención, hay mayor distractibilidad, deterioro de la memoria a corto y a largo plazo, deterioro de la capacidad de organización y habilidades de planeación a largo plazo, y un incremento en pensamientos de desesperanza e incapacidad. La depresión como otro síntoma del TEPT hace que las víctimas tiendan a percibir el mundo de manera negativa.

Como se describió en el capítulo 4, el evento traumático distorsiona los esquemas, creencias y expectativas del individuo. Después de una situación traumática se desarrollan nuevos esquemas sobre la peligrosidad del mundo, lo que genera una hipervigilancia a nivel interoceptivo y exteroceptivo que hace que se interpreten síntomas y eventos externos como señales de peligro y amenaza.

Para disminuir los efectos del TEPT con relación a los pensamientos irracionales, se requiere de un proceso de reestructuración, en el cual los pensamientos se analicen a la luz de la evidencia que tiene el paciente sobre la certeza de esa creencia. El objetivo principal de la reestructuración es que el terapeuta ayude al paciente a elaborar respuestas racionales a sus cogniciones, con el fin de incrementar la objetividad del paciente con respecto a sus cogniciones, demostrar la relación entre los sistemas de respuesta y distinguir entre una interpretación realista y distorsionada de peligro o seguridad de los eventos. Se aclara que la situación traumática no puede ser modificada, debido a que constituye un hecho real; sin embargo, la forma como el individuo procesa y trasforma esa experiencia y encuentra significado sí está sujeta a un proceso de reestructuración cognoscitiva.

Se aclara el concepto de control como la capacidad que tiene el individuo para cambiar la situación traumática. El objetivo es que el paciente considere que ante el evento traumático el grado de control que se tiene es mínimo y que no puede hacer nada para cambiar la situación debido a su estado de indefensión y peligro. El control en situaciones de trauma por lo general proviene de factores externos (victimario, abusador, condiciones de la naturaleza, etcétera). La sesión termina con la asignación del registro de identificación y modificación de pensamientos automáticos (anexo C).

7.5. Módulo 5. Exposición al evento traumático y procesamiento emocional: cuatro sesiones

El objetivo de estas sesiones es revivir y procesar emocionalmente el trauma (en situación de seguridad), a través de la exposición del evento traumático en imaginación y en vivo, con el fin de romper la asociación entre el recuerdo traumático, las emociones asociadas y otros síntomas del TEPT. El terapeuta inicia dando una explicación sobre la terapia de exposición y su efectividad en el tratamiento del TEPT y otros trastornos relacionados de ansiedad. Se reitera nuevamente la descripción del TEPT y la importancia de la exposición repetida del recuerdo del trauma, como un mecanismo central del tratamiento, así como del factor de mantenimiento que tiene la evitación sobre los recuerdos o personas relacionadas con el trauma.

Con el fin de medir los niveles de ansiedad y otras emociones secundarias, se describe el concepto de escala de unidades subjetivas de ansiedad (USIS), con la que se califica la emoción negativa en una escala de cero a cien: cero indica ningún nivel de ansiedad y cien indica un nivel máximo. La escala tiene por objeto que el paciente observe cómo a medida que procesa el trauma, sus niveles de ansiedad y otras emociones disminuyen gradualmente.

Antes de iniciar la exposición se registra el nivel subjetivo de ansiedad del paciente. Posteriormente, éste describe su experiencia de manera verbal o a través del relato del evento traumático. Se le pide que cierre los ojos y narre la situación de forma detallada en tiempo presente, incluyendo aspectos sensoriales (lo que observó, sintió, oyó, olió), cuáles reacciones tuvo, qué pensó o hizo en ese momento, etcétera. Se aclara que es un proceso normal que surjan emociones en el momento de revivir la experiencia y que las emociones relacionadas con el trauma necesitan procesarse.

Durante la exposición se registran todas las emociones y se califica su intensidad, se registran también los pensamientos, las respuestas fisiológicas y todos los aspectos relevantes del trauma. Se monitorean los niveles subjetivos de ansiedad antes, durante y después del relato del evento traumático.

En caso de que el paciente reporte no recordar aspectos del evento o no haga la narrativa de manera organizada, se explica que esta situación es normal y que los recuerdos del evento por su carga emocional interfieren con la memoria. Se reitera que a través de la exposición al evento y al procesamiento emocional del trauma los recuerdos y la memoria irán aumentando.

Algunos pacientes presentan dificultad para expresar sus sentimientos; reportan que temen estallar en llanto y tratan de mantener el control mediante conductas de evitación durante la exposición en imaginación: por ejemplo, pueden permanecer en silencio, evitando visualizar aspectos centrales del trauma. Es importante que el terapeuta reitere al paciente que se encuentra en un lugar seguro y recordarle que lo que se está reviviendo es el recuerdo que no reviste ningún peligro.

Foa, Hembree y Rothbaum (2007) sostienen que en el procesamiento emocional el paciente describe las reacciones que presenta ante la descripción de la narrativa del evento traumático, de manera que expresa los sentimientos y pensamientos que tiene acerca del trauma, así como el significado que tiene en su vida. Durante el procesamiento emocional es importante considerar las expresiones del paciente acerca de la percepción negativa que tiene de sí mismo, de otras personas y del mundo, y de sus habilidades para manejar el trauma y sus consecuencias; como se ha visto, estas cogniciones subyacen a un cuadro de TEPT crónico. El proceso de revivir en imaginación el trauma genera una oportunidad para el aprendizaje, debido a que es frecuente que el paciente obtenga nuevos conocimientos y percepciones sobre éste. Al exponerse a los recuerdos del trauma, el paciente aprende a discriminar entre "recordar" el evento traumático como una situación del presente y "retraumatizarse" como una situación del pasado, lo cual va a generar una reducción del malestar y la ansiedad, al recordar el evento una y otra vez; esto permite llevar a cabo el proceso de habituación.

El terapeuta finaliza la sesión agradeciendo al paciente el haber compartido sus experiencias. Una vez finalizado el relato se procede a que practique la respiración diafragmática, con el objetivo de regular la emoción y generar una percepción de control. Se asigna el registro de la narrativa del evento para la exposición en imaginación (anexo D) y el registro de la exposición en imaginación (anexo E).

7.5.1. *Entrenamiento en exposición prolongada y procesamiento emocional*

Como se ha visto, la exposición prolongada ha demostrado ser la intervención por excelencia en el tratamiento del TEPT. A continuación se describen los aspectos que deben considerarse al realizar las sesiones de exposición y las recomendaciones que deben tenerse según la terapia de exposición prolongada del TEPT de Foa, Hembree y Rothbaum (2007):

1. Exposición en imaginación (45 a 60 minutos), en la que el paciente visualiza y se conecta emocionalmente con el evento traumático, mientras narra la experiencia en voz alta y en tiempo presente, sin interrupciones. En las primeras sesiones de exposición, el paciente se expone a los eventos temidos de manera gradual a su propio ritmo.

2. Si el paciente termina la exposición en imaginación alterado emocionalmente o en llanto, el terapeuta debe ayudarlo a regularse a través de la respiración, de manera que logre reducir los niveles subjetivos de malestar.

3. Procesamiento emocional de la exposición al recuerdo del evento traumático (quince a veinte minutos). El terapeuta ayuda al paciente a que describa los pensamientos y sentimientos acerca de la exposición en imaginación con preguntas abiertas. Por ejemplo: "¿cómo te sentiste?", "¿qué estás sintiendo, pensando?". El paciente debe verbalizar los pensamientos acerca del evento traumático y el significado que ha tenido el trauma en su vida.

4. Si el nivel de ansiedad del paciente no se disminuye durante la exposición en imaginación, como es frecuente en las primeras sesiones de exposición, el terapeuta debe normalizar la falta de habituación y suministrar retroalimentación positiva, reiterando que a pesar de que los niveles subjetivos de ansiedad no se disminuyeron, la exposición al recuerdo junto con la conexión emocional que hubo en el ejercicio son un paso crucial dentro del procesamiento del trauma.

5. Identificación de puntos álgidos durante las sesiones de exposición en imaginación. El paciente describe el segmento que más dolor o malestar le produce del recuerdo y centra la exposición en estos puntos álgidos y no en todo el recuerdo. Se repite la exposición las veces que sean necesarias hasta que se logre una reducción de la ansiedad. Se introduce esta variación después de haber realizado las sesiones en imaginación, en las que se obtuvo una reducción sustancial de los niveles de ansiedad ante el relato del evento traumático.

6. Exposición en vivo (30 a 45 minutos). El paciente se expone de manera gradual a la jerarquía de exposición en vivo que realizó, según los niveles subjetivos de ansiedad que estableció previamente con el terapeuta. Se enfatiza en la meta de permanecer en la situación hasta que los niveles subjetivos de ansiedad disminuyan por lo menos en un 50%. Se comienza con situaciones que generan ansiedad moderada (40 o 50%) y se progresa gradualmente a las que producen más malestar (100%). Se establecen situaciones de exposición en vivo que generen ansiedad, pero que preserven el elemento de seguridad para el paciente.

En la sesión final de exposición se pide al paciente retroalimentación sobre el progreso y sobre posibles situaciones futuras de aumento de la sintomatología del TEPT como aniversarios, fechas importantes, cumpleaños, etcétera. Se reitera que estas situaciones no son recaídas sino oportunidades de práctica de las nuevas habilidades.

7.6. Módulo 6. Manejo de culpa y duelo: una sesión

El objetivo de esta sesión es conceptualizar la culpa y su papel como factor de mantenimiento de reacciones emocionales, e identificar el grado de responsabilidad de la víctima en el evento traumático. Igualmente en caso de duelo, el objetivo es que el paciente aprenda a controlar las reacciones y llegue a un proceso de aceptación de la pérdida.

El terapeuta inicia con una definición de la culpa como un sentimiento desagradable acompañado por la creencia de que se debió pensar, sentir o actuar de manera diferente. Se explica que sobrevivientes al trauma tienden a exagerar o distorsionar el grado de responsabilidad que tienen ante el evento, por lo cual experimentan culpa. Se aclara la diferencia entre culpa y vergüenza de acuerdo con lo visto en el capítulo 5 y se presentan los errores cognoscitivos de las víctimas de trauma en términos del grado de responsabilidad: 1) creencia de que sabían lo que iba a ocurrir; 2) justificación distorsionada de los hechos; 3) responsabilidad distorsionada de los hechos; y 4) violación de convicciones morales o personales. Se identifican en cada paciente estas ideas y se reestructura de manera realista la responsabilidad ante el evento.

7.6.1. *Entrenamiento en manejo de culpa y duelo*

Como se describió anteriormente, los sentimientos de culpa están presentes en la mayoría de pacientes con TEPT. En la intervención de culpa, el terapeuta y el paciente evalúan el sistema de creencias y consideran otras explicaciones alternativas. Se reitera que con respecto al tema de la responsabilidad se debe tener en cuenta que la justificación del paciente por haber actuado como lo hizo no puede sobrepesarse con alternativas ideales que no estuvieron presentes, o con opciones que se consideraron en fases posteriores al evento. En la intervención del manejo de culpa en TEPT se consideran los siguientes aspectos:

1. Se revisa el relato del evento traumático de acuerdo con los detalles centrales según la forma como los recuerda el paciente.
2. Se escribe el grado de responsabilidad que el paciente cree tener (en una escala de 0 a 100%, en la que 100% significa una responsabilidad total). Se examina la responsabilidad en detalle, teniendo en cuenta todos los aspectos

que rodearon al evento. El terapeuta trata de que el paciente responda a las siguientes preguntas: ¿cree usted que el evento traumático y sus consecuencias fueron resultado de su error? ¿De su inhabilidad para tomar una decisión apropiada? ¿De su incompetencia o competencia? ¿Hasta qué punto y de qué manera se culpa por la ocurrencia del evento? ¿Qué tan responsable se siente por el daño causado por el evento?

3. Se cuestiona el grado de responsabilidad asignado en el punto anterior, según un análisis objetivo, considerando las personas que estuvieron en la situación traumática. Se escribe el rol de cada persona y se asigna su porcentaje de responsabilidad.

4. Se calcula nuevamente el grado de responsabilidad. Si el paciente reporta que otros tuvieron responsabilidad en el hecho, debe cuestionar el porcentaje asignado en el punto 2 y revisar nuevamente la situación.

5. Si los sentimientos de culpa aún persisten, se deben tomar los correctivos necesarios a través de la reestructuración cognoscitiva: muchos pensamientos asociados con culpa incluyen verbalizaciones del tipo "debería...", "si sólo hubiera...", etcétera. En este caso se reitera que estas verbalizaciones tienen la función de mantener la culpa y que el paciente debe tratar de evitarlas.

En caso de duelo el terapeuta explica que el trauma frecuentemente incluye situaciones de pérdida y que el duelo incluye una serie de etapas de negación, choque, ira, irritabilidad, ansiedad y depresión. Se reitera que el objetivo es la aceptación de que el ser querido ha fallecido. Williams y Poijula (2002) sostienen que el duelo tiene consecuencias psicológicas y emocionales, lo cual implica ir más allá de la pérdida, hacia conceptos de espiritualidad personal y de fe; asimismo lograr canalizar la energía hacia aspectos positivos como una carrera, liderar un proyecto, crear una fundación o pertenecer a una misión.

A medida que la persona procesa el duelo, el terapeuta explica que es necesario tener en cuenta algunos aspectos: 1) el duelo es un proceso personal e intransferible y varía de persona a persona; 2) a pesar de lo difícil de la situación y de la intensidad de las emociones, el paciente puede hacer el duelo y aceptar la muerte; 3) el propósito del duelo es ayudar al paciente a aceptar la realidad de la pérdida; 4) se reitera que la evitación del dolor de la pérdida sólo conduce a alargar el proceso y prolongar los síntomas; 5) el paciente debe mantener una rutina normal mientras hace el duelo; 6) debe tomar acciones tendientes a reconectarse con la red social (la interacción con otras personas trae esperanza de recuperación); 7) debe tratar de descansar del proceso de duelo durante algunas horas, a través de actividades que le permitan conectarse con otras personas; 8) debe evitar hacer cambios drásticos en su vida o tomar decisiones importantes después de la pérdida. Es conveniente esperar algunos meses antes de realizar algún cambio.

La sesión finaliza con la asignación del registro de manejo de culpa (anexo F).

7.7. Módulo 7. Control de ira: una sesión

Los objetivos de esta sesión son que el paciente controle las reacciones emocionales de ira, a través de la identificación de antecedentes externos e interoceptivos que disparan la emoción y de la adquisición de habilidades que pretenden regular estos episodios. El terapeuta explica que la ira tiene dos fases y que en cada una de ellas el paciente puede intervenir para controlarla: a nivel preventivo, influyendo en las condiciones que llevan a que se genere la ira; y a nivel del control de la emoción, una vez ésta se presenta. En este caso se debe considerar el tipo de ira y el momento o etapa del ciclo en la que se quiera actuar.

7.7.1. *Entrenamiento en control de ira*

Como se describió anteriormente, la ira es una reacción común en el TEPT y debe ser considerada como un objetivo central en el tratamiento. El terapeuta ayuda al paciente a que de manera gradual controle esta emoción. En esta sesión se tienen en cuenta los siguientes aspectos:

1. *Diseñar condiciones para prevenir la aparición de la ira.* En este punto el paciente identifica las personas o situaciones que generan la reacción.
2. *Estimar el grado de control que tiene el paciente sobre la situación que generó la emoción.* El terapeuta explica que existen algunas situaciones que generan ira y que están parcialmente bajo control del paciente. En este caso se debe iniciar un proceso de solución de problemas para controlar la emoción. Si por el contrario no se tiene control sobre la situación, se debe atender a las autoverbalizaciones, ya que éstas aumentan la intensidad de la ira y hacen que se actúe de forma impulsiva e irracional. Las verbalizaciones del paciente

de tipo "¿cómo es posible que…?", se deben cambiar a pensamientos de tipo "¿cuál es el problema?" o "¿cómo puedo solucionarlo?". Esta modificación cognoscitiva permite que la ira no se acumule y que se presenten alternativas concretas de acción.

3. *Identificar el grado de intensidad de la emoción ante diversas situaciones.* Tanto la ira, así como otras emociones, tiene diversos grados, por lo tanto ésta se debe evaluar con el objetivo de generar alternativas de control.

4. *Identificar las verbalizaciones del paciente a través de un monitoreo de pensamientos automáticos ante situaciones de ira.* Los pacientes deben centrar la atención e identificar el diálogo interno. Por ejemplo, verbalizaciones de tipo "¿cómo es posible que…?" o "no hay derecho a que…", denotan errores cognoscitivos a nivel de personalización; también se deben identificar las verbalizaciones del tipo "debería…", etcétera. Igualmente, otro tipo de verbalizaciones son frecuentes en el TEPT y deben identificarse, como aquellas relacionadas con aspectos de justicia ("por qué me sucedió a mí, cuando hay gente mala a la que no le pasa nada"), injusticia ("es injusto que eso me pasara", "Dios es injusto").

5. *Modificar las verbalizaciones.* El terapeuta reitera que debido a que gran parte de los sentimientos de ira dependen de formas inadecuadas de pensar, entonces la identificación y la modificación de ideas irracionales ayudan al proceso de autorregulación emocional.

6. *Buscar alternativas para explicar la situación provocadora de ira.* El terapeuta explica que un factor importante en la ira es la interpretación o la atribución que hace el paciente ante determinadas situaciones, de manera que el proceso de búsqueda de explicaciones alternativas genera un cambio emocional.

7. *Modificar la importancia que el paciente atribuye al hecho.* Muchas veces la importancia que se atribuye a determinado acontecimiento tiene que ver con ciertas ideas irracionales, o con una tendencia a exagerar o a magnificar la importancia del hecho. En estos casos se trata de relativizar y quitar importancia.

8. *Adquirir habilidades para controlar las reacciones de ira.* Con frecuencia la carencia de habilidades de expresión de sentimientos negativos y de solución de problemas inciden sobre la ira. La asertividad consiste en expresar de manera clara y descriptiva los sentimientos negativos y hacer valer los derechos, previniendo la acumulación de resentimientos que pueden convertirse en ira. Por su parte, a medida que el paciente aumenta la efectividad en el manejo

de situaciones y problemas, hay menor probabilidad de experimentar reacciones de ira.

Por su misma naturaleza la ira explosiva es muy difícil de controlar una vez se ha desencadenado, justamente porque escapa a la conciencia. En estos casos se sugiere poner en práctica las siguientes estrategias para controlar la reacción:

a. *Darse tiempo*. Como la ira aumenta de manera rápida hasta llegar a explosiones fuertes, se debe dar un lapso de tiempo hasta cuando la emoción se mantenga, pero de manera controlable. En este punto es recomendable que el paciente distraiga el pensamiento y que prevenga la explosión. Los procedimientos de la sabiduría popular como contar o tratar de pensar en algo diferente, salir de la situación, caminar, etcétera, ayudan a que se dé tiempo y se disminuya la activación emocional.

b. *Controlar la respiración*. En la sesión de regulación emocional se enfatizó en la importancia de la respiración para manejar las emociones de ansiedad o rabia. La respiración lenta y profunda inhibe el aumento de la tensión, disminuye el exceso de consumo de oxígeno que se presenta en esas situaciones y disminuye la probabilidad de activación fisiológica. El terapeuta explica que cuando el paciente está con rabia se activa físicamente, habla rápido, tensiona los músculos y eleva el tono de voz. Estas reacciones se retroalimentan y aumentan la activación emocional. Cuando se rompe ese círculo y se controlan estas señales, se logra un mayor control.

La sesión finaliza con el registro de control de ira (anexo G).

7.8. Módulo 8. Aceptación del trauma y establecimiento de metas: una sesión

El objetivo de la sesión final es que el paciente encuentre un propósito de vida y desarrolle estrategias para el establecimiento de metas a corto, a mediano y a largo plazo, que le permitan llegar al proceso de aceptación del trauma. Superar el trauma consiste en ayudar a las víctimas a permanecer abiertas emocionalmente y dispuestas a tener experiencias internas, sin emitir respuestas de evitación o de escape del dolor.

Un evento traumático puede tener consecuencias negativas y devastadoras en el ser humano: puede afectar la identidad de la víctima, es decir la forma como se autopercibe, la imagen corporal y las sensaciones físicas, la forma como percibe a los demás, el sistema de creencias y el sentido que tiene sobre el propósito y significado de su existencia. Una experiencia traumática incide sobre la percepción que el paciente tiene de los demás, y puede generarle la idea de que nadie más entiende lo que le sucedió. Cuando la persona ha sido victimizada de manera intencional o deliberada, desarrolla sentimientos de desesperanza, se le dificulta confiar en sí mismo y en el mundo en general. En ocasiones los sobrevivientes se aíslan, lo que interfiere en el establecimiento de relaciones cercanas.

El terapeuta explica que existen una serie de necesidades que tienen la función de guiar la conducta del ser humano; esto genera un proceso motivacional en el que se realizan actividades cuyo objetivo es su satisfacción. A nivel psicológico la necesidad de seguridad, confianza, poder, estima e intimidad son vitales para el desarrollo emocional. En el TEPT el evento traumático afecta la experiencia psicológica que se tiene del mundo, y se desarrollan nuevos esquemas del mundo como un lugar inseguro y amenazante, lo cual conduce a sentimientos de miedo, ansiedad, pánico y depresión. La víctima permanece en constante alerta y desconfía de los demás, lo que genera sentimientos de abandono, traición, amargura, etcétera. Asimismo, el trauma ocasiona sentimientos de indefensión y falta de control, que se mantienen en la fase postrauma.

El comportamiento humano depende de las consecuencias inmediatas y de los efectos a mediano y a largo plazo. Después de un evento traumático es común que se pierda el rumbo y el paciente no sepa qué quiere o cuáles son sus objetivos, lo que genera inseguridad, desesperanza y falta de proyección hacia el futuro. Una manera para superar el trauma y adquirir nuevamente significado es mediante el establecimiento de objetivos y metas.

7.8.1. *Entrenamiento en el establecimiento de metas*

Una meta es una manera de organizar el comportamiento a largo plazo. Las metas se establecen según las necesidades insatisfechas que tiene el individuo en determinado momento. En el TEPT el establecimiento de metas se centra en establecer un nuevo rumbo y significado, con los caules se restablezca el sentido de seguridad, confianza y control. Igualmente se reacomoda la satisfacción de necesidades hacia el proceso de recuperación y aceptación del trauma y, en caso de pérdida, se reaprende a vivir plenamente, a pesar de la ausencia del ser querido.

La consecución de metas requiere de la programación de objetivos específicos a corto plazo, los cuales permitan tener un acercamiento gradual. La programación de estos objetivos depende de los recursos y limitaciones que tiene la persona, y de la relación estrecha con el objetivo final. El proceso de recuperación y aceptación del trauma requiere que se apliquen apropiadamente estrategias terapéuticas encaminadas a procesar emocionalmente las emociones derivadas del evento y a establecer metas que permitan aceptarlo y proyectar hacia el futuro un significado de vida plena. El terapeuta explica al paciente que el proceso de recuperación debe centrarse en:

1. *Especificar las metas en cada área.* Una de las características del TEPT es que el paciente pierde la capacidad de proyectar hacia el futuro. Aquí es necesario establecer con él metas; si este objetivo es limitado precisamente por la emoción que genera el TEPT (por ejemplo, depresión en caso de duelo, ansiedad ante la intimidad en caso de violación, etcétera), es conveniente que el terapeuta instigue a que el paciente piense en las metas que tenía antes del evento traumático y, de ser posible, reiniciar el proceso de recuperación con esas metas, a pesar del dolor o las reacciones de TEPT que presenta.

2. *Especificar las metas en términos de actividades o conductas de manera positiva y específica.* Por ejemplo, ante las verbalizaciones del tipo: "no me debo aislar de mis amigos", el terapeuta le presenta otras alternativas como: "quiero compartir más tiempo con mis amigos". Se debe tener en cuenta que algunas metas no constituyen conductas en sí mismas, sino que son el resultado de una serie de comportamientos y actividades (por ejemplo: "conformar un grupo de apoyo" no es una conducta en sí misma, sino que constituye un resultado). En este caso, se deben especificar las condiciones necesarias para lograr esa meta (por ejemplo: "hablar con otros sobrevivientes", etcétera).

3. *Especificar objetivos intermedios para lograr las metas.* La consecución de metas puede hacerse a través del tiempo y en otros casos se obtienen de manera inmediata. Para las metas a largo plazo es conveniente fijar objetivos intermedios, es decir, estaciones en el camino que llevan al punto de destino. Existen tres tipos de metas: a) a corto plazo que hacen referencia a la satisfacción

de necesidades inmediatas (por ejemplo, asistir a terapia, a citas médicas); b) a mediano plazo (por ejemplo, recuperarse del todo); y c) a largo plazo, que implican proyectarse hacia un futuro (por ejemplo, tener otro hijo, crear una fundación).

4. En el TEPT las metas que se establezcan deben considerar tres aspectos: a) probabilidad de éxito, es decir, que sea una meta cuyo resultado tenga una alta posibilidad de lograrse, lo cual incide sobre la motivación del paciente para continuar con el plan de acción establecido; b) la meta debe ser lo suficientemente relevante en la vida de la persona, de manera que le permita darle un significado; c) la razón costo-beneficio debe ser adecuada, es decir, que los costos necesarios para el logro de la meta deben ser inferiores a los beneficios.

5. El paciente debe definir las limitaciones y las restricciones que en determinado momento pueden interferir con el proceso. Asimismo, debe reconocer si la meta es realista o no.

6. El terapeuta ayuda al paciente a establecer un programa de actividades diario, así como un plan de desarrollo a mediano y a largo plazo, estableciendo objetivos y metas en fechas concretas en el tiempo. Esto no pretende ser una camisa de fuerza sino una guía que se puede modificar a medida que transcurre el tiempo.

7. *Establecer procedimientos para evaluar el cumplimiento de objetivos y metas.* Es importante establecer continuamente una relación entre el comportamiento y lo que se pretende lograr, con el fin de tener un mayor sentido de seguridad y control.

La sesión termina con el registro de establecimiento de metas para superar el trauma (anexo H), el cual incluye metas y objetivos que el paciente plantea. El terapeuta revisa si aún persisten respuestas fisiológicas, emocionales, conductuales y cognoscitivas de TEPT que siguen afectando al paciente. En caso dado se retoma el manejo de estas respuestas según las estrategias de intervención vistas a lo largo del protocolo de intervención. El objetivo final es que el paciente acepte el evento como un suceso desafortunado del pasado, que hace parte de su historia y le permita continuar con un proceso de vida gratificante.

VIII. Bibliografía

Abramson, L. Y.; Seligman, M. P. y Teasdale, J. D. (1978), "Learned helplessness in humans: Critique and reformulation", en *Journal of Abnormal Psychology*, núm. 87, pp. 49-94.

Alejo, E. C. et ál. (2002), "Estudio epidemiológico del trastorno de estrés postraumático en población deslazada por la violencia política en Colombia", en *Universitas Psychologica*, vol. 6, núm. 3, pp. 623-635.

Allen, L. B.; McHugh, R. K. y Barlow, D. H. (2008). "Emotional Disorders. A Unified Protocol", en Barlow, D. H. (ed.), *Clinical Handbook of Psychological Disorders*, Nueva York, Guilford Press, pp. 216-249.

Ambrose, J. (2000), "Traumatic Grief: What we need to know as Trauma Responders" [en línea], disponible en: http://wwwctsn-rest.ca/Traumaticgrief.html, recuperado: 30 de octubre del 2005.

Amdur, R. L. y Liberzon, I. (2001), "The structure of posttraumatic stress disorder symptoms in combat veterans. A confirmatory factor analysis of the impact of the Event Scale", en *Journal of Anxiety Disorders*, núm. 15, pp. 345-357.

American Psychiatric Association (APA) (1952), *Diagnostic and statistical manual of mental disorders*, Washington, American Psychiatric Association.

— (1968), *Diagnostic and statistical manual of mental disorders* (2a ed.), Washington, American Psychiatric Association.

— (1980), *Diagnostic and statistical manual of mental disorders* (3a ed.), Washington, American Psychiatric Association.

— (1987), *Diagnostic and statistical manual of mental disorders* (3a ed., rev.), Washington, American Psychiatric Association.

— (1994), *Diagnostic and statistical manual of mental disorders* (4a ed.), Washington, American Psychiatric Association.

— (2000), *Diagnostic and statistical manual of mental disorders* (4a ed., rev.), Washington, American Psychiatric Association.

— (2010), *Postraumatic Stress Disorder: proposed Revision*, Washington, American Psychiatric Association.

Andrews, B. et ál. (2000), "Predicting PTSD symptoms in victims of violent crime: The role of shame, anger and childhood abuse", en *Journal of Abnormal Psychology*, núm. 109, pp. 69-73.

Andrews, G. et ál. (s.f.), *Stress-induced fear circuitry disorders: Refining the research agenda for DSM-V*, Washington, American Psychiatric Association, en prensa.

Asociación Americana de Psiquiatría (1994), *Manual diagnóstico y estadístico de los trastornos mentales* (4a ed.), Barcelona, Masson.

Asmundson, G. J.; Stapleton, J. A. y Taylor, S. (2004), "Are avoidance and numbing distinct PTSD symptoms clusters?", en *Journal of Traumatic Stress*, núm. 17, pp. 467-475.

Astin, M. C. y Resick, P. (1997), "Tratamiento cognitivo conductual del trastorno de estrés postraumático", en Caballo, V. (ed.), *Manual para el tratamiento cognitivo-conductual de los trastornos psicológicos*, Madrid, Siglo XXI, pp. 171-209.

Atkeson, B. et ál. (1982), "Victims of rape: Repeated assessment of depressive symptoms", en *Journal of Consulting and Clinical Psychology*, núm. 50, pp. 96-102.

Back, S. E. et ál. (2003), "Comparative profiles of women with PTSD and comorbility cocaine and alcohol dependence", en *American Journal of Drugs and Alcohol Abuse*, núm. 29, pp. 169-189.

Ballenger, J. C. et ál. (2000), "Consensus statement on posttraumatic stress disorder from the International Consensus Group on Depression and Anxiety", en *Journal of Clinical Psychiatry*, núm. 61, supl. 5, pp. 60-66.

Barlow, D. H. (1988), *Anxiety and its disorders. The nature and treatment of anxiety and panic*, Nueva York, Guilford Press.

— (2002), *Anxiety and its disorders. The nature and treatment of anxiety and panic* (2a ed.), Nueva York, Guilford Press.

Barrett, K. C. (1995), "A functionalist approach to shame and guilt", en Tangney, J. P. y Fischer, K. W. (eds.), *Self-conscious emotions: The psychology of shame, guilt, embarrassment, and pride*, Nueva York, Guilford Press, pp. 25-63.

Basoglu, M. et ál. (1997), "Psychological preparedness for trauma as a protective factor in survivors of torture", en *Psychological Medicine*, núm. 27, pp. 1421-1433.

Batten, S. V.; Orsillo, S. M. y Walser, R. D. (2005), "Acceptance and mindfulness based approaches to the treatment of posttraumatic stress disorder", en Orsillo, S. M. y Roemer, L. (eds.), *Acceptance and mindfulness-based approaches to anxiety: Conceptualization and treatment*, Nueva York, Springer, pp. 241-269.

Batten, S. V. y Hayes, S. C. (2005), "Acceptance and commitment therapy in the treatment of a comorbid substance abuse and posttraumatic stress disorder: A case study", en *Clinical case studies*, núm. 4, pp. 246-262.

Beck, J. S. (1995), *Cognitive therapy: Basics and beyond*, Nueva York, Guilford.

Becker, J. et ál. (1984), "Sexual problems of sexual assault survivors", en *Women Health*, núm. 9, pp. 5-20.

Beckham, J. C.; Feldman, M. E. y Kirby, A. C. (1998), "Atrocities exposure in Vietnam combat veterans with chronic posttraumatic stress disorder: Relationship to combat exposure, symptom severity, guilt, and interpersonal violence", en *Journal of traumatic Stress*, núm. 11, pp. 777-785.

Bisson, J. I.; McFarlane, A. C. y Rose, S. (2000), "Psychological Debriefing", en Foa, E. B.; Keane, T. M. y Friedman, M. J. (eds.), *Effective treatments for PTSD*, Nueva York, Guilford Press, pp. 39-59.

Blake, D. D. et ál. (1990), *The Clinician-Administrative PTSD Scale-IV*, Boston, National Center for PTSD-Behavioral Science Division.

Blanchard, E. B. et ál. (1986), "The utility of the Anxiety Disorders Interview Schedule (ADIS) in the diagnosis of post-traumatic stress disorder in Vietnam veterans", en *Behavior Research and Therapy*, núm. 24, pp. 577-580.

Bodkin J. A. et ál. (2007), "Is PTSD caused by traumatic stress?", en *Journal of Anxiety Disorders*, núm. 21, pp. 176-182.

Bollinger, A. et ál. (2000), "Prevalence of personality disorders among combat veterans with posttraumatic stress disorder", *Journal of Traumatic Stress*, núm. 13, pp. 255-270.

Bonanno, G. A. et ál. (1995), "When avoiding unpleasant emotions might not be such a bad thing: Verbal-autonomic response dissociation and midlife conjugal bereavement", en *Journal of Personality and Social Psychology*, vol. 69, núm. 5, pp. 975-989.

Bonanno, G. A. y Keltner, D. (1997), "Facial expressions of emotion and the course of conjugal bereavement", en *Journal of Abnormal Psychology*, vol. 106, núm. 1, pp. 126-137.

Boscarino, J. A. (2004), "Postraumatic stress disorder and physical illness: Results form clinical and epidemiologic studies", en *Annals of Ney York Academy of Sciences*, núm. 1032, pp. 141-153.

Boudewyns, P. A. et ál. (1995, agosto), "Eye movement desensitization and reprocessing (EMDR) and exposure therapy in the treatment of combat-related PTSD: An early look", Trabajo presentado en la reunión anual de la Asociación Americana de Psicología, Nueva York.

Brady, K. T. et ál. (2000), "Efficacy and safety of sertraline treatment of posttraumatic stress disorder: A randomized controlled trial", en *Journal of the American Medical Association*, núm. 28, pp. 563-564.

Breslau, N. (2002), "Epidemiologic studies of trauma, posttraumatic stress disorder, and other psychiatric disorders", en *Canadian Journal of Psychiatry*, núm. 47, pp. 923-929.

Breslau, N.; Davis, G. y Andreski, P. (1998), "Epidemiological findings on posttraumatic stress disorder and co-morbid disorders in the general populations", en Dohrenwend, B. (ed.), *Adversity, stress, and psychopathology*, Londres, Cambridge University Press, pp. 319-330.

Breslau, N. y Kessler, R. C. (2001), "The stressor criterion in DMS-IV posttraumatic stress disorder: An empirical investigation", en *Biological Psychiatry*, núm. 50, pp. 699-704.

Brewin, C. R.; Andrews, B. y Valentine, J. (2000), "Meta-analysis of risk factors for posttraumatic stress disorder in trauma-exposed adults", en *Journal of Consulting and Clinical Psychology*, vol. 68, núm. 5, pp. 748-766.

Brewin, C. R.; Dalgleish, T. y Joseph, S. (1996), "A dual representation theory of posttraumatic stress disorder", en *Psychological Review*, núm. 103, pp. 670-686.

Brewin, C. R. y Holmes, E. A. (2003). "Psychological theories of posttraumatic stress disorder", en *Clinical Psychology Review*, núm. 23, pp. 339-376.

Briere, J. y Scott, C. (2006), *Trauma Therapy: A Guide to Symptoms, Evaluation, and Treatment*, Thousand Oaks, Sage Publications.

Brown, T. A. et ál. (2001), "Current and life-time comorbility of the DSM-IV anxiety and mood disorders in a large clinical sample", en *Journal of Abnormal Psychology*, núm. 110, pp. 585-599.

Bryan, R. A. y Guthrie, R. M. (2005), "Maladaptive appraisals as a risk factor for posttraumatic stress: A study of trainee firefighters", en *Psychological Science*, núm. 16, pp. 749-752.

Buckley, T. C.; Blanchard, E. B. y Hickling, E. J. (1998), "A confirmatory factor analysis of posttraumatic stress symptoms", en *Behaviour Research and Therapy*, núm. 36, pp. 1091-1099.

Byrne, C. A. y Riggs, D. S. (1996), "The cycle of trauma: Relationship aggression in male veterans with symptoms of posttraumatic stress disorder", en *Violence and Victims*, núm. 11, pp. 213-225.

Cahill, S. P.; Hembree, E. A. y Foa, E. B. (2006), "Dissemination of prolonged exposure therapy for posttraumatic stress disorder: Successes and challenges", en Neria, Y. et ál. (eds.), *Mental health in the wake of terrorist attacks*, Cambridge, Cambridge University Press, pp. 475-492.

Cahill, S. P. y Foa, E. B. (2007), "Psychological Theories of PTSD", en Friedman, M. J.; Keane, T. M. y Resick, P. A. (eds.), *Handbook of PTSD: Science and Practice*, Nueva York, Guilford, pp. 55-77.

Calhoun, K. y Resick, P. (1993), "Posttraumatic stress disorder", en Barlow, D. (ed.), *Clinical Handbook of Psychological Disorder*, Nueva York, Guilford Press.

Carroll, E. M. et ál. (1985), "Vietnam combat veterans with posttraumatic stress disorder: Analysis or marital and cohabiting adjustment", en *Journal of Abnormal Psychology*, núm. 94, pp. 329-337.

Castrillón, D. (2003), "Validación de una prueba para evaluar el trastorno de estrés postraumático (TPET) en adultos de dieciocho a sesenta años del área metropolitana de Medellín", en *Investigaciones de psicología clínica cognitiva-comportamental en la ciudad de Medellín*, vol. 1, Medellín, Imprenta Universidad de Antioquia, pp. 133-154.

Castro, L. (1993), *La mujer construye su futuro*, manuscrito inédito.

Castro, L. y Ángel, E. (1997), "Formulación clínica conductual", en Caballo, V. (ed.), *Manual para el tratamiento cognitivo-conductual de los trastornos psicológicos*, Madrid, Siglo XXI, pp. 3-44.

Chemtob, C. M. et ál. (1988), "A cognitive action theory of post-traumatic stress disorder", en *Journal of Anxiety Disorders*, núm. 2, pp. 253-275.

— (1997), "Cognitive-behavioral treatment for severe anger in post traumatic stress disorder", en *Journal of Consulting and Clinical Psychology*, núm. 10, pp. 17-36.

— (2000), "Eye movement desensibilization and reprocessing", en Foa, E. B.; Keane, T. M. y Friedman, M. J. (eds.), *Effective Treatment for PTSD*, Nueva York, Guilford Press, pp. 139-155.

Cloitre, M. y Koenen, K. C. (2001), "The impact of borderline personality disorder on process group outcome among women with posttraumatic stress disorder related to childhood abuse", en *International Journal of Group Psychotherapy*, núm. 51, pp. 379-398.

Cohen, J. (1960), "A coefficient agreement for nominal scales", en *Educational and Psychological Measurement*, núm. 20, pp. 37-46.

Creamer, M.; Burgess, P. y Pattison, P. (1992), "Reactions to trauma: A cognitive processing model", en *Journal of Abnormal Psychology*, núm. 101, pp. 452-459.

Cusak, K.; Falsetti, S. y de Arellano, M. (2002), "Gender considerations in the psychometric assessment of PTSD", en Kimerling, R.; Ouimette, P. y Wolfe, E. (eds.), *Gender and PTSD*, Nueva York, Guilford Press, pp. 150-176.

Dalgleish, T. (2004), "Cognitive approaches to posttraumatic stress disorder: The evolution of multi-representational theorizing", en *Psychological Bulletin*, núm. 130, pp. 228-260.

Davidson, J. et ál. (1990), "Treatment of posttraumatic stress disorder with amitriptyline and placebo", en *Archives of General Psychiatry*, núm. 47, pp. 259-266.

— (1997), "Double-blind comparison of sertraline and placebo in patients with posttraumatic stress disorder (PTSD)", en *Abstracts of the American College of Neuropsychopharmacology, 36th Annual Meeting*, San Juan, Puerto Rico.

Davidson, J.; Smith, R. y Kudler, H. (1989), "Validity and reliability of the DSM-III criteria for post traumatic stress disorder: Experience with a structured interview", en *Journal of Nervous and Mental Disease*, núm. 177, pp. 336-341.

Davidson, J. y Foa. E. (1993), *Posttraumatic Stress Disorder: DSM IV and beyond*, Washington, American Psychiatry Association.

DiNardo, P. A. et ál. (1983), "Reliability of the DSM-III anxiety disorder categories using a new structured interview", en *Archives of General Psychiatry*, núm. 40, pp. 1070-1074.

— (1993), "Reliability of the DSM-IIIR anxiety disorder categories: Using the Anxiety Disorders Interview Scale-Revised (ADIS-R)", en *Archives of General Psychiatry*, núm. 50, pp. 251-256.

DiNardo, P. A.; Brown, T. A. y Barlow, D. H. (1994), *Anxiety Disorders Interview Schedule for DSM-IV: Lifetime Version (ADIS-IV-L)*, San Antonio, Psychological Corporation, Graywind Publications Incorporated.

DiNardo, P. A. y Barlow, D. H. (1988), *Anxiety Disorders Interview Schedule-Revised (ADIS-R)*, Albany, Phobia and Anxiety Disorders Clinic, State University of New York.

Dougall, A. et ál. (2000), "Similarity of prior trauma exposure as a determinant of chronic stress responding to an airline disaster", en *Journal of Consulting and Clinical Psychology*, vol. 68, núm. 2, pp. 290-295.

Drake, E. B.; Bush, S F. y Van Gorp, W. G. (2001), "Evaluation and Assessment of PTSD in Children and Adolescents", en Eth, S. (ed.), *PTSD in Children and Adolescents*, Washington, American Psychiatric Publishing, pp. 1-31.

Egendorf, A.; Kadushin, C., Laufer, R., Rothbart, G. y Sloan, L. (1981), *Legacies of Vietnam: Comparative adjustment of veterans and their peers*, Washington, D.C., U.S. Government Printing Office.

Ehlers, A. y Clark, D. M. (2000), "A cognitive model of posttraumatic stress disorder", en *Behaviour Research and Therapy*, núm. 38, pp. 319-345.

Epstein, S. (1991), "The self-concept, the traumatic neurosis, and the structure of personality", en Ozer, D.; Healy, J. M. Jr. y Steward, A. J. (eds.), *Perspectives on personality* (vol. 3, parte A), Londres, Jessica Kingsley, pp. 63-98.

Erwin, B. A. et ál. (2006), "Traumatic and socially stressful events among persons with social anxiety disorder", en *Journal of Anxiety Disorders*, núm. 20, pp. 896-914.

Felitti, V. J. et ál. (1998), "Relationship of childhood abuse and house hold dysfunction to many of the leading causes of deaths in adults. The Adverse Childhood Experiences (ACE) Study", en *American Journal of Preventive Medicine*, núm. 14, pp. 245-258.

First, M. et ál. (2000), "Structured Clinical Interview for DSM-IV Axis I disorders (SCID-I)", en American Psychiatric Association (ed.), *Handbook of psychiatric measures*, Washington, American Psychiatric Association, pp. 49-53.

Foa, E. B. et ál. (1993), "Reliability and validity of a brief instrument for assessing posttraumatic stress disorder", en *Journal of Traumatic Stress*, núm. 6, pp. 459-473.

— (1995), "The impact of fear activation and anger on the efficacy of exposure treatment for PTSD", en *Behavior Therapy*, núm. 26, pp. 487-499.

— (1997), "The validation of a self-report measure of posttraumatic stress disorder: The Posttraumatic Diagnostic Scale", en *Psychological Assessment*, núm. 9, pp. 445-451.

— (1999), "Posttraumatic Cognitions Inventory (PTCI): Development and comparison with other measures", en *Psychological Assessment*, núm. 11, pp. 303-314.

— (2005), "Randomized trial of prolonged exposure for PTSD with and without cognitive restructuring: Outcome at academic and community clinics", en *Journal of Consulting and Clinical Psychology*, núm. 73, pp. 953-964.

Foa, E. B.; Davidson, J. y Frances, A. (1999), "Treatment of PTSD: The NIH expert consensus guideline series", en *Journal of Clinical Psychiatry*, núm. 60, suppl. 16, pp. 4-76.

Foa, E. B.; Hembree, E. A. y Rothbaum, B. O. (2007), *Prolonged Exposure Therapy for PTSD: Emotional Processing of Traumatic Experiences. Therapist Guide*, Oxford, Oxford University Press.

Foa, E. B.; Keane, T. M. y Friedman, M. J. (eds.) (2000), *Effective Treatment for PTSD. Practice Guidelines for the International Society for Traumatic Stress Studies*, Nueva York, Guilford Press.

Foa, E. B.; Rothbaum, B. O. y Furr, J. M. (2003), "Aumenting exposure therapy with other CBT procedures", en *Psychiatric Annals*, núm. 33, pp. 47-53.

Foa, E. B.; Steketee, G. y Rothbaum, B. O. (1989), "Behavioral/cognitive conceptualizations of post-traumatic stress disorder", en *Behavior Therapy*, núm. 20, pp. 155-176.

Foa, E. B.; Zinbarg, R. y Rothbaum, B. O. (1992), "Uncontrollability and unpredictability in posttraumatic stress disorder: An animal model", en *Psychological Bulletin*, núm. 112, pp. 218-238.

Foa, E. B. y Cahill, S. P. (2006), "Psychosocial treatments for PTSD: An overview", en Neira, Y. et ál. (eds.), *9/11: Public health in the wake of terrorist attacks*, Cambridge, Cambridge University Press, pp. 457-474.

Foa, E. B. y Kozac, M. (1986), "Emotional processing of fear: Exposure to corrective information", en *Psychological Bulletin*, núm. 99, pp. 20-35.

Foa, E. B. y Meadows, E. A. (1997), "Psychosocial treatment for post-traumatic stress disorder: A critical review", en Spencer, J.; Darley, J. M. y Foss, D. J. (eds.), *Annual Review of Psychology* (vol. 48), Palo Alto, Annual Review, pp. 449-480.

Foa, E. B. y Riggs, D. S. (1993), "PTSD in rape victims", en Oldman, J. M.; Ribay, M. B. y Tasman, A. (eds.), *American Psychiatric Press Review of Psychiatry 12*, Washington, American Psychiatric Press.

Foa, E. B. y Rothbaum, B. O. (1998), *Treating the trauma of rape: Cognitive-behavioral therapy for PTSD*, Nueva York, Guilford.

Fontana, D. (1995), *Control de Estrés*, México, El Manual Moderno.

Freedman, S.; Brandes, D. y Peri, T. (1999), "Predictors of chronic post-traumatic stress disorder: A prospective study", en *British Journal of Psychiatry*, núm. 174, pp. 353-359.

Friedman, M. J. et ál. (2000), "Pharmacotherapy", en Foa, E. B.; Keane, T. M. y Friedman, M. J. (eds.), *Effective treatments for PTSD: Practical guidelines from the International Society for Traumatic Stress Studies*, Nueva York, Guilford Press, pp. 84-105.

— (2005), "Thyroid hormone alteration among women with posttraumatic stress disorder due to childhood sexual abuse", *Biological Psychiatry*, vol. 57, núm. 10, pp. 1186-1192.

Friedman, M. J.; Resick, P. A. y Keane, T. M. (2007), "PTSD Twenty five years of Progress and Challenges", en Friedman, M. J.; Resick, P. A. y Keane, T. M. (eds.), *Handbook of PTSD: Science and Practice*, Nueva York, Guilford Press, pp. 3-18.

Galea, S.; Ahern, J. y Resnick, H. (2002), "Psychological sequelae of the September 11 terrorist attacks in New York City", en *New England Journal of Medicine*, vol. 346, núm. 13, pp. 982-987.

Goodman, R. F. et ál. (2004), *Childhood Traumatic Grief*, Los Ángeles, National Child traumatic Stress Network.

Griffin, M. G. et ál. (2004), "Comparison of the PTSD diagnostic scale vs. the Clinician Administered PTSD scale in domestic violence survivors", en *Journal of Traumatic Stress*, núm. 17, pp. 497-503.

Hammerberg, M. (1992), "Penn Inventory for posttraumatic stress disorder: Psychometric properties", en *Psychological Assessment: A Journal of Consulting and Clinical Psychology*, núm. 4, pp. 67-76.

Hayes, S. C.; Strosahl, K. D. y Wilson, K. G. (1999), *Acceptance and commitment therapy: An experiential approach to behavior change*, Nueva York, Guilford Press.

Hellawell, S. J. y Brewin, C. R. (2004), "A comparison of flashbacks and ordinary autobiographical memories of trauma: Content and language", en *Behaviour Research and Therapy*, núm. 42, pp. 1-12.

Helzer, J.; Robins, L. N. y McEvoy, L. (1987), "Post-traumatic Stress Disorder in the General Population: Findings of the Epidemiologic Catchment Area Survey", *New England Journal of Medicine*, núm. 317, pp. 1630-1634.

Herman, D. S. et ál. (1996), "Psychometric properties of the embedded and stand-alone version of the MMPI-2 Keane PSD Escale", en *Assessment*, núm. 3, pp. 437-442.

Hofmann, S. G. (2007), "Cognitive process during fear acquisition and extinction in animals and humans: Implications for exposure therapy of anxiety disorders", en *Clinical Psychology Review*, núm. 28, pp. 199-210.

Hollon, S. D. y Garber, J. (1988), "Cognitive therapy", en Abramson, L. Y. (dir.), *Social cognition and clinical psychology: A synthesis*, Nueva York, Guilford Press.

Hope, C. W.; Auchterlonie, J. L. y Milliken, C. S. (2006), "Mental health problems, use of mental health services, and attrition from military services after returning from deployment from Iraq or Afghanistan", en *Journal of Medical Association*, núm. 295, pp. 1023-1032.

Horowitz, M. J. (1976), *Stress response syndromes*, Nueva York, Aronson.

— (1986), *Stress response syndromes* (2a ed.), Northvale, Jason Aronson.

— (2001), *Stress response syndrome* (4a ed.), Northvale, Jason Aronson.

Horowitz, M. J.; Wilner, N. y Álvarez, W. (1979), "Impact of Event Scale: A measure of subjective distress", *Psychosomatic Medicine*, núm. 41, pp. 209-218.

Hyams, K. C.; Wignell, F. S. y Roswell, R. (1996), "War syndromes and their evaluation: From the U.S. Civil War to the Persian Gulf war", en *Annals of Internal Medicine*, núm. 125, pp. 398-405.

Janoff-Bulman, R. (1992), *Shattered assumptions: Towards a new psychology of trauma*, Nueva York, Free Press.

Jones, J. C. y Barlow, D. H. (1990), "The etiology of post traumatic stress disorder", *Clinical Psychology Review*, núm. 10, pp. 299-328.

Kagan, J. (1980), "Perspectives on continuity", en Brim, O. G. y Kagan, J. (dirs.), *Constancy and change in human development*, Cambridge, Harvard University Press.

Keane, T. M. et ál. (1985), "A behaviour approach to assessing and treating posttraumatic stress disorders in Vietnam veterans", en Figley, C. R. (ed.), *Trauma and its wake*, Nueva York, Brunner/Mazel, pp. 257-294.

— (1989), "Implosive (flooding) therapy reduces symptoms of PTSD in Vietnam combat veteran", *Behavior Therapy*, núm. 20, pp. 245-260.

— (2007), "Assessment of PTSD and its Comorbidities in Adults", en Friedman, M. J.; Keane, T. M. y Resick, P. A. (eds.), *Handbook of PTSD: Science and Practice*, Nueva York, Guilford Press, pp. 279-305.

Keane, T. M.; Caddell, J. M. y Taylor, K. L. (1988), "Mississippi Scale for Combat-Related Post traumatic Stress disorder: Three studies in reliability and validity", en *Journal of Consulting and Clinical Psychology*, núm. 56, pp. 85-90.

Keane, T. M.; Kaloupek, D. G. y Kolb, L. C. (1998), "VA Cooperative Study # 334: I. Summary of findings on the psychological assessment of PTSD", en *PTSD Research Quarterly*, núm. 9, pp. 1-4.

Keane, T. M.; Malloy, P. F. y Fairbank, J. A. (1984), "Empirical development of an MMPI subscale for the assessment of combat-related posttraumatic stress disorder", en *Journal of Consulting and Clinical Psychology*, núm. 52, pp. 888-891.

Keane, T. M.; Marshall, A. y Taft, C. (2006), "Postraumatic stress disorder: Epidemiology, etiology and treatment outcome", en *Annual Review of Clinical Psychology*, núm. 2, pp. 161-197.

Keane, T. M.; Zimering, R. T. y Cadell, J. M. (1985), "A behavioral formulation of post-traumatic stress disorder", en *Behavior Therapist*, núm. 8, pp. 9-12.

Keane, T. M. y Barlow, D. H. (2002), "Posttraumatic stress disorder", en Barlow, D. H. (ed.), *Anxiety and its disorders: The nature and treatment of anxiety and panic* (2a ed.), Nueva York, Guilford Press, pp. 418-453.

Keane, T. M. y Kaloupek, D. G. (2002), "Posttraumatic stress disorder: Diagnosis, assessment, and monitoring outcomes", en Yehuda, R. (ed.), *Treating trauma survivors with PTSD*, Washington, American Psychiatric Press, pp. 21-42.

Keen, S. M. et ál. (2004, noviembre), *Psychometric properties of the PTSD Checklist*. Poster presented at the annual meeting or the International Society for Traumatic Stress Studies, Nueva Orleans.

Kessler, R. C. et ál. (1995), "Posttraumatic stress disorder in the National Comorbidity Survey", en *Archives of General Psychiatry*, núm. 52, pp. 1048-1060.

— (2005), "Prevalence, severity and comorbidity of 12 month DSM-IV disorders in the National Comorbidity Survey replication", en *Archives of General Psychiatry*, núm. 62, pp. 617-627.

Kilpatrick, D. G. et ál. (1987), "Criminal victimization: Lifetime prevalence, reporting to police, and psychological impact", en *Crime and Delinquency*, núm. 33, pp. 479-489.

— (1998), "Posttraumatic stress disorder field trial: Evaluation of the PTSD construct-criteria A through E", en Widiger, T. A. (ed.), *DSM IV sourcebook*, Washington, American Psychiatric Association, pp. 803-838.

Kilpatrick, D. G.; Veronen, L. J. y Resick, P. A. (1982), "Psychological sequelae to rape: Assessment and treatment strategies", en Doleys, D. M.; Meredith, R. I y Ciminero, A. R. (eds.), *Behavioral medicine: Assessment and treatment strategies*, Nueva York, Plenum Press, pp. 473-497.

Kilpatrick, D. G.; Veronen, L. J. y Best, C. L. (1985), "Factors predicting psychological distress among rape victims", en Figley, C. R. (ed.), *Trauma and its wake: Vol I. The study and treatment of posttraumatic stress disorder*, Nueva York, Brunner, Mazel.

Koss, M. P.; Koss, P. G. y Woodruff, W. J. (1991), "Deleterious effects of criminal victimization on women's health and medical utilization", en *Archives of Internal Medicine*, núm. 151, pp. 342-347.

Koss, M. P. y Harvey, M. R. (1991), *The rape victim: Clinical and community interventions* (2a ed.), Thousand Oaks, Sage.

Kubany, E. S. et ál. (2000), "Validation of a brief measure of posttraumatic stress disorder. The Distressing Event Questionnaire (DEQ)", en *Psychological Assessment*, núm. 12, pp. 197-209.

Kubany, E. S. y Ralston, T. C. (2006), "Cognitive therapy for trauma-related guilt and shame", en Follette, V. M. y Ruzek, J. I. (eds.), *Cognitive-Behavioral Therapies for Trauma*, Nueva York, Guilford Press, pp. 258-289.

Kubany, E. S. y Watson, S. B. (2003), "Guilt: Elaboration of a testable multidimensional model", en *Psychological Record*, núm. 53, pp. 51-90.

Kulka, R. A. et ál. (1990), *Trauma and the Vietnam war generation: Report of finding from the National Vietnam Veterans Readjustment Study*, Nueva York, Brunner, Mazel.

Krupnick, J. y Horowitz, M. J. (1981), "Stress response syndromes: Recurrent themes", en *Archives of General Psychiatry*, núm. 38, pp. 428-435.

La Greca, A. M. y Prinstein, M. J. (2002), "Hurricanes and earthquakes", en La Greca, A. N.; Silverman, W. K. y Roberts, M. C. (eds.), *Helping children cope with disasters and terrorism* (vol. 1), Washington, American Psychological Association, pp. 107-138.

Lang, P. J. (1977), "Imagery in therapy: An information processing analysis of fear", en *Behavior Therapy*, núm. 8, pp. 862-886.

— (1979), "A bio-informational theory of emotional imagery", en *Psychophysiology*, núm. 16, pp. 495-512.

Leskela, J.; Dieperink, M. y Thuras, P. (2002), "Shame and posttraumatic stress disorder", en *Journal of Traumatic Stress*, núm. 15, pp. 223-226.

Lewinsohn, P. M. et ál. (1985), "An integrative theory of depression", en Reiss, S. y Bootzin, R. R. (eds.), *Theoretical issues in behavior therapy*, Orlando, Academic Press, pp. 331-359.

Lindemann, E. (1944), "Symptomology and management of acute grief", en *American Journal of Psychiatry*, núm. 101, pp. 141-148.

Linehan, M. M. (1993), *Cognitive behavior treatment for borderline personality disorders*, Nueva York, Guilford Press.

Litz, B. T. y Maguen, S. (2007), "Early Intervention for Trauma", en Friedman, M. J.; Keane, T. M. y Resick, P. A. (eds.), *Handbook of PTSD: Science and Practice*, Nueva York, Guilford Press, pp. 306-329.

Litz, B. T. y Weathers, F. (1994), "The diagnosis and assessment of post-traumatic stress disorder in adults", en Williams, M. B. y Sommer, J. F. (eds.), *The Handbook of Post-Traumatic Therapy*, Westport, Greenwood Press, pp. 20-37.

Lyons, J. A. y Keane, T. M. (1990), "Keane PTSD Scale: MMPI and MMPI-2 update", en *Journal of Traumatic Stress*, núm. 5, pp. 111-117.

Macklin, M. L. et ál. (1998), "Lower precombat intelligence is a risk factor for posttraumatic stress disorder", *Journal of Consulting and Clinical Psychology*, núm. 66, pp. 323-326.

Matsakis, A. (1999), *Survivor Guilt: A Self-Help Guide*, Oakland, New Harbinger Publications.

McCann, I. L. y Pearlman, L. A. (1990), *Psychological trauma and the adult survivor: Theory, therapy, and transformation*, Nueva York, Brunner/Mazel.

McHugh, R. K., y Barlow, D. H. (eds.) (s.f. *a*), *Dissemination and implementation of evidence-based interventions*, Nueva York, Oxford University Press, en prensa.

— (s.f. *b*), "Dissemination and implementation of evidence-based psychological treatments: A review of current efforts", en *American Psychologist*, en prensa.

Meichenbaum, D. H. (1985), *Stress inoculation training*, Elmsford, Pergamon Press.

Meyer, V. y Turkat, I.D. (1979). "Behavioral analysis of clinical cases", *Journal of Psychopathology and Behavioral Assessment*, núm 4, pp. 259-270.

Miller, M. W. (2004), "Personality and the development and expression of PTSD. National Center for PTSD", en *Clinical Quarterly*, vol. 15, núm. 3, pp. 1-3.

Mineka, S. y Zinbarg, R. (2006), "A contemporary learning theory perspective on the etiology of anxiety disorders", en *American Psychologist*, núm. 61, pp. 10-26.

Ministerio de la Protección Social de Colombia (2003), *Estudio nacional de salud mental*, Cali, Gráficas Ltda.

— (2009), "Segundo estudio de salud mental del adolescente", en *Revista de la Secretaría de Salud*, Medellín, núm. 2, pp. 23-39.

Ministerio de Salud de Colombia (1997), *Segundo estudio nacional de salud mental y consumo de sustancias psicoactivas*, Medellín.

Monson, C. A.; Friedman, M. J. y La Bash, H. J. (2007), "A Psychological History of PTSD", en Friedman, M. J.; Keane, T. M. y Resick, P. A. (eds.), *Handbook of PTSD: Science and Practice*, Nueva York, Guilford Press, pp. 37-54.

Montoya, L; Torres, Y., Zapata, M. A., Garro, G. I. y Hurtado, G. (2009), "Segundo estudio de salud mental del adolescente", en *Revista de la Secretaría de Salud*, Medellín, núm. 2, pp. 23-39.

Mowrer, O. A. (1960), *Learning theory and behavior*, Nueva York, Wiley.

Neimeyer, R. A. (2001), *Meaning reconstruction and the experience of loss*, Washington, American Psychological Association.

Neumeister, A.; Henry, S. y Cristal, J. H. (2007), "Neurocircuitry and Neuroplasticity in PTSD", en Friedman, M. J.; Keane, T. M. y Resick, P. A. (eds.), *Handbook of PTSD: Science and Practice*, Nueva York, Guilford Press, pp. 151-165.

Norris, F. H. et ál. (2000), "60.000 disaster victims speak: Part I. An empirical review of the empirical literature, 1981-2001", en *Psychiatry*, núm. 65, pp. 207-239.

Norris, F. H. y Slone, L. B. (2007), "The Epidemiology of Trauma and PTSD", en Friedman, M. J.; Keane, T. M. y Resick, P. A. (eds.), *Handbook of PTSD: Science and Practice*, Nueva York, Guilford Press, pp. 68-98.

Novaco, R. W. y Chemtob, C. M. (1998), "Anger and Trauma", en Follette, V. M.; Ruzek, J. I. y Abueg, F. R. (eds.), *Cognitive Behavioral Therapies for Trauma*, Nueva York, Guilford Press, pp. 162-190.

Osterman, J. E. y Jong, J. (2007), "Cultural Issues and Trauma", en Friedman, M. J.; Keane, T. M. y Resick, P. A. (eds.), *Handbook of PTSD: Science and Practice*, Nueva York, Guilford Press, pp. 425-448.

Ozer, E. J. et ál. (2003), "Predictors of posttraumatic stress disorder and symptoms in adults: a meta-analysis", en *Psychological Bulletin*, núm. 129, pp. 52-73.

Pérez-Olmos, I.; Fernández-Piñeres· F. P. y Rodado-Fuentes, S. (2005), "Prevalencia del trastorno por estrés postraumático por la guerra, en niños de Cundinamarca, Colombia", en *Revista de Salud Pública*, núm. 7, pp. 268-280.

Piaget, J. (1971), *Psychology and epistemology: Towards a theory of knowledge*, Nueva York, Viking.

Pieschacón, M. (2002), "Efectos psicológicos del secuestro", en *Cuadernos de Clínica*, núm. 7, pp. 51-70.

— (2006), "Estado del arte del trastorno de estrés post traumático", *Suma Psicológica*, núm. 13, pp. 67-84.

Pineda, D. et ál. (2002), "Utilidad de un cuestionario para rastreo de estrés postraumático en una población colombiana", en *Revista de Neurología*, vol. 34, núm. 10, pp. 911-916.

Pitman, R. K. et ál. (1991), "Psychiatric complications during flooding therapy for posttraumatic stress disorder", en *Journal of Clinical Psychiatry*, núm. 52, pp. 17-20.

— (2002), "Pilot study of secondary prevention of posttraumatic stress disorder with propranolol", *Biological Psychiatry*, núm. 15, pp. 189-192.

Rando, T. (1998), *Treatment of complicated mourning*, Champaign, Research Press.

Reiss, S. (1980), "Pavlovian conditioning and human fear: An expectancy model", en *Behavior Therapy*, núm. 11, pp. 380-396.

Renfrey, G. y Spates, C. R. (1994), "Eye movement desensitization: A partial dismantling study", en *Journal of Behavior Therapy and Experimental Psychiatry*, núm. 25, pp. 231-239.

Resick, P. A. (2001), Cognitive therapy for posttraumatic stress disorder, en *Journal of Cognitive Psychotherapy*, núm. 15, pp. 321-329.

Resick, P. A.; Monson, C. M. y Gutner, C. (2007), "Psychosocial Treatments for PTSD", en Friedman, M. J.; Keane, T. M. y Resick, P. A. (eds.), *Handbook of PTSD: Science and Practice*, Nueva York, Guilford Press, pp. 330-358.

Resick, P. A.; Monson, C. M. y Rizvi, S. L. (2008), "Posttraumatic stress disorder", en Barlow, D. H. (ed.), *Clinical Handbook of Psychological Disorders*, Nueva York, Guilford Press, pp. 65-122.

Resick, P. A. y Schnicke, M. K. (1992), "Cognitive Processing Therapy for Sexual Assault Victims", en *Journal of Consulting and Clinical Psychology*, núm. 60, pp. 748-760.

— (1993), *Cognitive Processing Therapy for rape victims: A Treatment Manual*, Newbury Park, Sage.

Resnick, H. S. et ál. (1993), "Prevalence of civilian trauma and posttraumatic stress disorder in a representative national sample of women", en *Journal of Consulting and Clinical Psychology,* núm. 61, pp. 984-991.

Resnick, H. S.; Kilpatrick, D. G. y Lipovsky, J. A. (1991), "Assessment of rape-related posttraumatic stress disorder: Stressor and symptom dimensions [Special section: Issues and methods in assessment of posttraumatic stress disorder]", en *Psychological Assessment,* núm. 3, pp. 561-572.

Riggs, D. S. et ál. (1992), "Anger and posttraumatic stress disorder in female crime victims", en *Journal of Traumatic Stress,* núm. 5, pp. 613-625.

Riggs, D. S.; Rothbaum, B. O. y Foa, E. B. (1995), "A prospective examination of symptoms of posttraumatic stress disorder in victims of nonsexual assault", en *Journal of Interpersonal Violence,* núm. 10, pp. 201-214.

Robins, L. N. et ál. (1981), "National Institute of Mental Health Diagnostic Interview Schedule: Its history, characteristics, and validity", en *Archives of General Psychiatry,* núm. 38, pp. 381-389.

Rosen, G.; Spitzer, R. y Mc Hugh, P. (2008), "Problems with the post traumatic stress diagnosis and its future in DSM-V", en *The British Journal of Psychiatry,* núm. 192, pp. 3-4.

Rothbaum, B. O. et ál. (2000), "Cognitive-Behavioral Therapy", en Foa, E. B.; Keane, T. M. y Friedman, M. J. (eds.), *Effective treatments for PTSD,* Nueva York, Guilford Press, pp. 60-83.

Rothbaum, B. O. y Foa, E. B. (1993), "Subtypes of posttraumatic stress disorder and duration of symptoms", en Davidson, J. y Foa, E. B. (eds.), *Posttraumatic stress disorder: DSM-IV and beyond,* Washington, American Psychiatric Press, pp. 23-35.

Ruscio, A. M.; Ruscio, J. y Keane, T. M. (2002), "The latent structure of postraumatic stress disorder: A taxometric investigation of reactions of extreme stress", *Journal of Abnormal Psychology,* núm. 111, pp. 290-301.

Schuster, M. et ál. (2001), "A national survey of stress reactions after the September 11, 2001, terrorist attacks", *New England Journal of Medicine,* núm. 345, pp. 1507-1512.

Segal, Z. V.; Williams, J. y Teasdale, J. D. (2002), *Mindfulness-based cognitive therapy for depression: A new approach to preventing relapse,* Nueva York, Guilford Press.

Segman, R.; Shalev, A. R. y Gelernter, J. (2007), "Gene-Environment interactions: twin studies and gene research in the context of PTSD", en Friedman, M. J.; Keane, T. M. y Resick, P. A. (eds.), *Handbook of PTSD: Science and Practice,* Nueva York, Guilford Press, pp. 190-206.

Shapiro, F. (1989), "Eye Movement Desensitization: A new treatment for post-traumatic stress disorder", *Journal of Behavior Therapy and Experimental Psychiatry*, núm. 20, pp. 211-217.

— (1995), *Eye Movements Desensibilization and Reprocessing: Basic Principles, Protocols, and Procedures*, Nueva York, Guilford Press.

Shear, K. y Frank, E. (2006), "Treatment of complicated grief: Integrating cognitive-behavioral methods with other treatment approaches", en Follette, V. M. y Ruzek, J. I. (eds.), *Cognitive-Behavioral Therapies for Trauma*, Nueva York, Guilford Press, pp. 290-320.

Simms, L. J.; Watson, D. y Doebbeling, B. N. (2002), "Confirmatory factor analysis of post-traumatic stress symptoms in deployed and nondeployed veterans of the Gulf war", *Journal of Abnormal Psychology*, núm. 111, pp. 637-647.

Sinisterra, M. et ál. (2010), "Prevalencia del trastorno de estrés postraumático en población en situación de desplazamiento en la localidad de Ciudad Bolívar, Bogotá", en *Psychologia: Avances de la Disciplina*, núm. 2, pp. 83-97.

Smyth, L. D. (1999), *Clinicians Manual for the Cognitive-Behavioral Treatment of Posttraumatic Stress Disorder*, Baltimore, RTR Publishing Company.

Sorg, B. A. y Kalivas, P. W. (1995), "Stress and neuronal sensitization", en Friedman, M. J.; Charney, D. S. y Deutch, A. Y. (eds.), *Neurobiological and clinical consequences of stress: From normal adaptation to PTSD*, Philadelphia, Lippincott-Raven, pp. 83-102.

Southwick, S. M. et ál. (2007), "Neurobiological Alterations Associated with PTSD", en Friedman, M. J.; Keane, T. M. y Resick, P. A. (eds.), *Handbook of PTSD: Science and Practice*, Nueva York, Guilford Press, pp. 166-189.

Sparr, L. F. y Pitman, R. K. (2007), "PTSD and the Law", en Friedman, M. J.; Keane, T. M. y Resick, P. A. (eds.), *Handbook of PTSD: Science and Practice*, Nueva York, Guilford Press, pp. 449-468.

Spitzer, R. L.; First, M. B. y Wakefield, J. C. (2007), "Saving PTSD from itself in DSM-V", en *Journal of Anxiety Disorders*, núm. 21, pp. 233-416.

Staats, A. W. (1996), *Behavior and personality: Psychological behaviorism*, Nueva York, Springer.

Suárez, L. et ál. (2009), "Understanding anxiety disorders from a 'triple vulnerabilities' framework", en Antony, M. M. y Stein, M. M. (eds.), *Oxford handbook of anxiety and related disorders*, Nueva York, Oxford University Press, pp. 153-172.

Sutker, P. B. et ál. (1993), "War zone trauma and stress related symptoms in Operation Desert Shield/Storm (ODS) returnees", *Journal of Social Issues*, núm. 49, pp. 33-50.

Tangney, J. P. (1998), "How does guilt differ from shame?", en Bybee, J. (ed.), *Guilt and children*, Nueva York, Academic Press, pp. 1-18.

Taylor, S. (2006), *Clinician's Guide to PTSD: A Cognitive-Behavioral Approach*, Nueva York, Guilford Press.

Taylor, S. et ál. (1998), "The structure of posttraumatic stress symptoms", en *Journal of Abnormal Psychology*, núm. 107, pp. 154-160.

Tedeschi, R. G.; Park, C. L. y Calhoun, L. G. (1998), *Post- traumatic Growth: Positive Changes in the Aftermath of Crisis*, Mahweh, Lawrence Erlbaum Associates.

Torres, Y.; Montoya, I. D. y Murrell, L. (1997), *Segundo estudio nacional de salud mental y consumo de sustancias psicoactivas. Colombia,* Bogotá, Ministerio de Salud.

Turner, S. M.; Beidel, D. C. y Frueh, B. C. (2005), "Multicomponent behavioral treatment for chronic combat-related posttraumatic stress disorder", en *Behavior Modification*, núm. 29, pp. 39-69.

Walser, R. D. et ál. (2003, noviembre), *Acceptance and commitment therapy for PTSD*, Documento presentado en la International Society of Traumatic Stress Studies, Chicago.

Walter, R. D. y Hayes, S. C. (2006), "Acceptance and Commitment therapy in the treatment of Posttraumatic Stress Disorder", en Follette, V. y Ruzk, J. I. (eds.), *Cognitive-Behavioral Therapies for Trauma*, Nueva York, Guilford Press, pp. 146-172.

Watson, C. G. et ál. (1991), "The PTSD Interview: Rationale, description, reliability and concurrent validity of a DSM-III-based technique", en *Journal of Clinical Psychology*, núm. 47, pp. 179-188.

Watson, D. y Clark, L. A. (1984), "Negative affectivity: The disposition to experience aversive emotional states", en *Psychological Bulletin*, vol. 96, núm. 3, pp. 465-490.

Watson, P. J.; Gibson, L. y Ruzek, J. I. (2007), "Public mental health interactions following disasters and mass violence", en Friedman, M. J.; Keane, T. M. y Resick, P. A. (eds.), *Handbook of PTSD: Science and Practice*, Nueva York, Guilford Press, pp. 521-539.

Weathers, F. et ál. (1993, octubre), *The PTSD Checklist (PCL); Reliability, validity, and diagnostic utility*, Presentación en la International Society for Traumatic Stress Studies, San Antonio.

Weathers, F. M.; Keane, T. M. y Davison, J. R. (2002), "Clinical Administered PTSD Scale (CAPS): A review of the first ten years of research", en *Depression and Anxiety*, núm. 13, pp. 132-156.

Weathers, F. M. y Keane, T. M. (1999), "Psychological assessment of traumatized adults", en Saigh, P. A. y Bremner, J. D. (eds.), *Posttraumatic stress disorder: A comprehensive text*, Boston, Allyn y Bacon, pp. 219-247.

Weiss, D. S. y Marmar, C. R. (1997), "The Impact of Event Scale-Revised", en Wilson, J. P. y Keane, T. M. (eds.), *Assessing psychological trauma and PTSD*, Nueva York, Guilford Press.

Wilson, D. et ál. (1996), "Eye movement desensitization and reprocessing: Effectiveness and automatic correlates", en *Journal of Behavior Therapy and Experimental Psychiatry*, núm. 27, pp. 219-229.

Williams, M. B. y Poijula, S. (2002), *The PTSD workbook*, Oakland, New Harbinger Publications.

Williams, R. y Yule, W. (1995), "Psychological Perspectives on Postraumatic Stress", en *Clinical Psychology Review*, núm. 15, pp. 515-544.

Young, J. E. et ál. (2008), "Cognitive therapy for depression", en Barlow, D. W. (ed.), *Clinical Handbook of Psychological Disorders. A step by Step treatment manual*, Nueva York, Guilford Press, pp. 250-305.

Zayfert, C. (2008), *Terapia cognitiva conductual para el tratamiento del trastorno por estrés postraumático*, México, El Manual Moderno.

Zwi, A. B. (1991), "Militarism, militarization, health, and the Third World", *Medicine and War*, núm. 7, pp. 262-268.

IX. Anexos

Anexo A. Canales de respuesta del trastorno de estrés postraumático

Canal fisiológico (Qué siento)	Canal cognoscitivo (Qué pienso)	Canal motor (Qué hago)	Canal emocional (Qué emoción tengo)

Anexo B. Práctica diaria del entrenamiento en respiración diafragmática

Nivel de concentración: califique su habilidad para concentrarse en la respiración durante el tiempo que realiza el ejercicio, utilizando la siguiente escala:

0——1——2——3——4——5——6——7——8

No puedo concentrarme   Me concentro un poco   Puedo concentrarme

Fecha	Hora Ansiedad (0-8)	Concentración	Experiencias durante la práctica, pensamientos, sentimientos
___ ___	Práctica 1 —— Antes —— Después —— Práctica 1 —— Antes —— Después ——	___ ___	
___ ___	Práctica 1 —— Antes —— Después —— Práctica 1 —— Antes —— Después ——	___ ___	
___ ___	Práctica 1 —— Antes —— Después —— Práctica 1 —— Antes —— Después ——	___ ___	
___ ___	Práctica 1 —— Antes —— Después —— Práctica 1 —— Antes —— Después ——	___ ___	
___ ___	Práctica 1 —— Antes —— Después —— Práctica 1 —— Antes —— Después ——	___ ___	
___ ___	Práctica 1 —— Antes —— Después —— Práctica 1 —— Antes —— Después ——	___ ___	

Anexo C. Identificación y modificación de pensamientos automáticos

Situación desencadenante	Pensamiento automático	Emoción	Respuestas alternativas	Resultado
Describa el evento, pensamiento o situación Describa si tuvo alguna reacción física	Describa cada pensamiento o imagen que tuvo ¿Qué tanto cree cada pensamiento en ese momento?	¿Qué emociones tuvo en el momento? ¿Qué tan intensa (0-100%) fue la emoción?	¿Cuál es la evidencia de que el pensamiento automático es verdadero? ¿Existe otra explicación alternativa? ¿Cuál es la peor consecuencia? "¿Qué pasa si...?"	¿Qué tanto cree cada pensamiento ahora? ¿Qué emoción tiene ahora? ¿Qué tan intensa (0-100%) es la emoción?

Anexo D. Narrativa del evento para la exposición en imaginación

En el espacio a continuación por favor describa lo más detalladamente posible el evento traumático (en presente y en primera persona). Describa el evento tal como si le estuviera sucediendo, escriba dónde se encuentra, en compañía de quiénes, describa el lugar, la hora, cómo están vestidos, cuáles son sus reacciones físicas, qué siente, qué hace, etcétera. El objetivo es que relate la situación lo más vívidamente posible.

Anexo E. Registro de exposición en imaginación

Por favor, registre su calificación de unidades subjetivas de ansiedad (USIS) en una escala de 0-100 (donde 0 = ninguna molestia y 100 = máxima molestia, ansiedad y pánico), antes y después de escuchar la narrativa o la grabación de la exposición en imaginación.

Narrativa o grabación núm.: _______________________________________

Fecha y hora				
USIS Pre				
USIS Post				
Pico USIS				

Fecha y hora				
USIS Pre				
USIS Post				
Pico USIS				

Anexo F. Registro de manejo de culpa

Por favor conteste las siguientes preguntas:

1. Revise la narrativa o grabación (anexo D) del evento traumático de acuerdo con los detalles centrales según la forma como recuerda lo que sucedió.
2. Me siento culpable (por qué hice o por qué dejé de hacer):
   a) ____
   b) ____
   c) ____
   d) ____
   e) ____
3. Escriba el grado de responsabilidad que cree tener *ahora* (en una escala de 0 a 100%, donde 100 significa una responsabilidad total).
   Mi responsabilidad es: ____
4. Examine la responsabilidad en detalle, y tenga en cuenta todos los aspectos que rodearon al evento. Trate de responder a las siguientes preguntas: ¿cree

que el evento traumático y sus consecuencias fueron resultado de su error? ¿De su inhabilidad para tomar una decisión apropiada? ¿De su incompetencia o competencia? ¿Hasta qué punto y de qué manera se culpa por la ocurrencia del evento? ¿Qué tan responsable se siente por el daño causado por el evento? Escriba el grado de responsabilidad que cree tener *después* de haber realizado este análisis:

Mi responsabilidad es: ____

5. Qué otras personas estuvieron involucradas en el evento. Si hubo otros responsables, cuestione nuevamente el porcentaje asignado en el punto 3 y revise nuevamente la situación.

    Mi responsabilidad es: ____

6. Si los sentimientos de culpa aún persisten,

    a) Revise si tiene verbalizaciones del tipo "debería...", "si sólo hubiera..." y modifíquelas por verbalizaciones más realistas.

    b) Responda qué necesita hacer para perdonarse a sí mismo por la responsabilidad que tuvo en el evento.

    a) ____

    b) ____

    c) ____

    d) ____

    e) ____

Anexo G. Registro de control de ira

Situación desencadenante	Control	Autoverbalizaciones	Respuestas alternativas	Solución de problemas
Describa brevemente la situación que le produjo la reacción de ira	Evalúe en una escala de 1 a 5 el control que cree que tiene sobre la situación: 1 corresponde a falta total de control y 5 a control total sobre la situación 1-5	Escriba cada pensamiento que tuvo Revise si el pensamiento pertenece a la categoría *debería, personalización o injusticia*	1. ¿Cuál es la evidencia de que el pensamiento automático es verdadero? ¿Existe otra explicación alternativa? 2. ¿Cuál es la peor consecuencia? 3. "¿Qué pasa si...?"	¿Qué puedo hacer yo para...?

(Cont.)

Anexo H. Registro de establecimiento de metas

Escriba por lo menos una meta a corto, a mediano y a largo plazo en cada una de las áreas a continuación:

Área personal

Mi meta es: ____

A corto plazo: ____

A mediano plazo: ____

A largo plazo: ____

Área familiar

Mi meta es: ____

A corto plazo: ____

A mediano plazo: ____

A largo plazo: ____

Área social

Mi meta es: ____

A corto plazo: ____

A mediano plazo: ____

A largo plazo: ____

Área laboral

Mi meta es: ____

A corto plazo: ____

A mediano plazo: ____

A largo plazo: ____